高等职业教育智能网联汽车技术专业教材

智能网联汽车概论

王　勇　范梦阳　陈清洪　主　编
沈先飞　邓家彬　曹志良　副主编

化学工业出版社
·北京·

内 容 简 介

本书主要针对智能网联汽车技术概述、汽车总体结构及线控技术、环境感知系统、导航系统与高精度地图、智能网联汽车规划与决策控制、车载网络系统、通信系统及大数据平台、先进驾驶辅助系统（ADAS）、智能网联汽车测试评价与标准法规9个方面进行了认知型介绍。

本书紧密结合当前智能网联汽车中出现的新技术、新知识，利用大量实物图、结构简图及原理图等深入浅出地介绍了智能网联汽车领域线控技术、环境感知、导航定位等关键技术。每单元还配有习题及答案（扫描二维码查看），便于学生进行复习和巩固所学知识。

本书可作为高职院校汽车相关专业的教材，也可作为中职院校及其他智能网联汽车认知培训的专业用书。

图书在版编目（CIP）数据

智能网联汽车概论／王勇，范梦阳，陈清洪主编
．—北京：化学工业出版社，2023.7
ISBN 978-7-122-43319-0

Ⅰ.①智… Ⅱ.①王… ②范… ③陈… Ⅲ.①汽车-智能通信网 Ⅳ.①U463.67

中国国家版本馆 CIP 数据核字（2023）第 068564 号

责任编辑：葛瑞祎　　　　　　　　文字编辑：徐 秀　师明远
责任校对：李雨函　　　　　　　　装帧设计：张 辉

出版发行：化学工业出版社(北京市东城区青年湖南街 13 号 邮政编码 100011)
印　　装：三河市双峰印刷装订有限公司
787mm×1092mm　1/16　印张 11½　字数 270 千字　2023 年 10 月北京第 1 版第 1 次印刷
购书咨询：010-64518888　　　售后服务：010-64518899
网　　址：http://www.cip.com.cn
凡购买本书，如有缺损质量问题，本社销售中心负责调换。

定　　价：36.00元　　　　版权所有　违者必究

前　言

　　汽车产业经过一百多年的发展,如今正向着电动化、智能化、网联化、共享化的"新四化"方向发展。智能网联汽车提供了一个更安全、更节能、更环保、更舒适的出行方式和综合解决方案。在智能网联汽车的初级阶段,通过先进智能驾驶辅助技术能够减少 30%左右的交通事故,交通效率提升 10%,油耗与排放分别降低 5%。进入智能网联汽车的终极阶段,即完全自动驾驶阶段,甚至可以完全避免交通事故,提升交通效率 30%以上,并最终把人从枯燥的驾驶任务中解放出来,这也是智能网联汽车最吸引人的价值魅力所在。近年来,世界各国都把智能网联汽车作为汽车产业未来发展的重要战略方向。智能网联汽车为中国汽车产业转型升级和结构优化调整带来了重要机遇。工业和信息化部、国家发展改革委、科技部联合发布的《汽车产业中长期发展规划》中,对我国智能网联汽车的发展路径和目标作出了详细规划。"智能网联汽车概论"课程作为智能网联汽车技术专业的专业基础课和汽车相关专业的专业拓展课,越来越凸显其重要性和普遍性。

　　由于智能网联汽车技术发展速度较快,部分智能网联汽车相关教材内容较为传统、过时,对新技术和新知识的介绍不够,此外,部分教材讲解的内容过于专业和深奥,不适合作为职业院校学生的教材使用。

　　为了适应职业院校的学生及汽车从业人员的阅读需求,本书在传统知识的基础上,既紧密结合当前智能网联汽车领域的新技术、新知识,也保持内容难度适中,便于大多数汽车相关从业人员的理解。其内容反映产业发展的新技术、新工艺、新规范,反映典型岗位(群)职业能力要求,旨在培养学生相应职业岗位能力。本书在编写的过程中力求体现以下特色。

　　(1)内容安排刚需原则:理论知识够用,素材选取实用。

　　(2)内容难度适中原则:注重深入浅出,避免过深过专。

　　(3)内容组织新颖原则:坚持形式多样,精选图片实例。

　　(4)内容与时俱进原则:新知识新技术,及时更新补充。

　　本书由重庆电子工程职业学院王勇、范梦阳、陈清洪任主编,由襄阳职业技术学院沈先飞、重庆电子工程职业学院邓家彬、重庆工商职业学院曹志良任副主编。重庆电子工程职业学院高俊、赵军、曾剑峰、姚晶晶，长安汽车智能化研究院段海林、蔡渝东、邹文军也参与了部分内容的编写。本书由王正勇教授主审。

由于经验和篇幅有限，书中难免存在一些不妥之处；同时智能网联汽车发展日新月异，恳请使用本书的读者提出宝贵意见，以便在今后进行改进和完善。

编　者

2023 年 3 月

目　录

单元一　智能网联汽车技术概述

一、智能网联汽车发展背景 ·· 001
　　（一）汽车产业发展趋势——"新四化" ··· 001
　　（二）智能网联汽车的出现 ··· 003
二、智能网联汽车的定义 ·· 003
三、智能网联汽车的分级 ·· 003
　　（一）美国汽车工程师学会对自动驾驶的分级 ································· 003
　　（二）中国对智能网联汽车的分级 ·· 005
四、智能网联汽车产品体系与关键技术 ··· 006
　　（一）智能网联汽车产品体系 ··· 006
　　（二）智能网联汽车关键技术 ··· 007
五、智能网联汽车发展现状与趋势 ·· 010
　　（一）智能网联汽车发展现状 ··· 010
　　（二）智能网联汽车发展趋势 ··· 011

单元二　汽车总体结构及线控技术

一、汽车总体结构 ··· 015
　　（一）汽车的发展历程 ·· 015
　　（二）汽车的分类及编号规则 ··· 021

（三）汽车的总体构造及车辆布置形式 ·· 024
二、汽车线控技术 ··· 028
　　（一）线控技术简介 ·· 028
　　（二）线控转向系统 ·· 029
　　（三）线控制动系统 ·· 030
　　（四）线控油门系统 ·· 032

单元三　环境感知系统

一、环境感知系统简介 ··· 036
二、视觉传感器 ·· 037
　　（一）视觉传感器简介及工作原理 ··· 037
　　（二）视觉传感器主要性能参数 ··· 037
　　（三）视觉传感器分类 ·· 038
　　（四）视觉传感器特点及应用现状 ··· 040
三、超声波雷达 ·· 040
　　（一）超声波雷达简介及工作原理 ··· 040
　　（二）超声波雷达主要性能参数 ··· 041
　　（三）超声波雷达的分类 ·· 042
　　（四）超声波雷达特点及应用现状 ··· 043
四、毫米波雷达 ·· 043
　　（一）毫米波雷达简介及工作原理 ··· 043
　　（二）毫米波雷达主要性能参数 ··· 044
　　（三）毫米波雷达分类 ·· 045
　　（四）毫米波雷达特点及应用现状 ··· 045
五、激光雷达 ·· 046
　　（一）激光雷达简介及工作原理 ··· 046
　　（二）激光雷达主要性能参数 ··· 048
　　（三）激光雷达分类 ·· 048
　　（四）激光雷达的特点及应用现状 ··· 050
六、传感器性能比较及多传感器融合技术 ·· 051

单元四　导航系统与高精度地图

一、导航定位系统 · · · · · · 054
（一）全球定位系统 · · · · · · 055
（二）差分全球定位系统 · · · · · · 057
（三）北斗导航定位系统 · · · · · · 058
（四）惯性导航定位系统 · · · · · · 060
（五）车载导航定位系统 · · · · · · 062
（六）蜂窝无线定位技术 · · · · · · 064

二、高精度地图 · · · · · · 065
（一）高精度地图的定义 · · · · · · 065
（二）高精度地图的数据采集与生成 · · · · · · 067
（三）高精度地图的应用 · · · · · · 072

单元五　智能网联汽车规划与决策控制

一、智能网联汽车规划决策控制概述 · · · · · · 075
二、智能网联汽车路径规划 · · · · · · 076
（一）全局路径规划 · · · · · · 076
（二）局部路径规划 · · · · · · 080
三、智能网联汽车行为决策 · · · · · · 084
（一）概述 · · · · · · 084
（二）交通环境行为预测 · · · · · · 084
（三）行为决策理论 · · · · · · 086
四、智能网联汽车控制 · · · · · · 088
（一）汽车运动控制理论 · · · · · · 088
（二）汽车模型 · · · · · · 091
（三）汽车运动控制 · · · · · · 091

单元六 车载网络系统

- 一、汽车网络系统概述 ·· 095
  - （一）汽车网络系统类型 ··· 095
  - （二）汽车网络的特点 ··· 097
- 二、车载网络 ··· 098
  - （一）CAN 总线网络 ··· 099
  - （二）LIN 总线网络 ·· 101
  - （三）FlexRay 总线网络 ·· 102
  - （四）MOST 总线网络 ··· 103
  - （五）以太网 ··· 104

单元七 通信系统及大数据平台

- 一、无线通信系统的组成与分类 ··· 108
  - （一）无线通信系统的组成 ··· 108
  - （二）无线通信系统的分类 ··· 108
- 二、通信技术 ··· 110
  - （一）DSRC 通信技术 ··· 110
  - （二）LTE-V 通信技术 ··· 111
  - （三）移动通信技术 ··· 112
- 三、蓝牙技术 ··· 113
  - （一）蓝牙技术定义 ··· 113
  - （二）蓝牙系统组成 ··· 113
  - （三）蓝牙技术特点 ··· 114
  - （四）蓝牙技术标准 ··· 115
  - （五）蓝牙技术应用 ··· 115
- 四、ZigBee 技术 ·· 117
  - （一）ZigBee 技术定义 ·· 117
  - （二）ZigBee 网络结构 ·· 117
  - （三）ZigBee 技术特点 ·· 118
  - （四）ZigBee 技术应用 ·· 118

五、Wi-Fi 技术 ... 119
（一）Wi-Fi 技术定义 ... 119
（二）Wi-Fi 技术的网络结构 ... 120
（三）Wi-Fi 技术特点 ... 121
（四）Wi-Fi 技术应用 ... 121

六、RFID 技术 ... 122
（一）RFID 技术定义 ... 122
（二）RFID 系统组成 ... 122
（三）RFID 产品分类 ... 123
（四）RFID 技术特点及应用 ... 123

七、智能网联汽车大数据平台 ... 125
（一）大数据关键技术 ... 125
（二）智慧交通大数据平台总体架构 ... 125
（三）大数据平台功能设计 ... 126
（四）大数据在智能网联汽车的应用展望 ... 126

单元八　先进驾驶辅助系统（ADAS）

一、ADAS 基本概念 ... 129
二、ADAS 功能 ... 130
（一）ADAS 功能概述 ... 130
（二）ADAS 技术发展路线及其类别 ... 130
（三）ADAS 功能分类解析 ... 131

三、ADAS 发展现状与趋势 ... 140
（一）ADAS 发展现状 ... 140
（二）ADAS 市场格局分析 ... 140
（三）关于 ADAS 未来发展趋势的思考 ... 142

单元九　智能网联汽车测试评价与标准法规

一、智能网联汽车测试与评价技术概述 ... 144
（一）智能网联汽车测试目的及意义 ... 144

（二）智能网联汽车测试原理 ·· 146
　　（三）智能网联汽车测试方法 ·· 147
　　（四）智能网联汽车常用评价方法 ··· 151
二、智能网联汽车评价 ·· 154
　　（一）功能安全评价 ·· 154
　　（二）信息安全测评 ·· 157
　　（三）服务系统评价 ·· 160
三、智能网联汽车技术标准和法规 ··· 163
　　（一）国家智能网联汽车法律法规 ··· 163
　　（二）智能网联汽车质量标准 ·· 165
　　（三）智能网联汽车信息安全标准 ··· 167
　　（四）智能网联汽车道路测试法规 ··· 170

参考文献 ·· 173

单元一
智能网联汽车技术概述

学习导入

如今,自动驾驶不再是看不见、摸不着的"黑科技",它逐渐走入了人们的生活,无人摆渡车、无人配送车等新产品的出现让未来变得触手可及。智能网联汽车(Intelligent and Connected Vehicle,ICV)是自动驾驶汽车和网联式汽车融为一体的新产品、新模式、新生态,是新一代 AI(人工智能)技术的典型应用。智能化和网联化是汽车产业发展的趋势,也是我国汽车产业变革升级和交通强国建设的重要战略方向。

学习目标

(1)了解汽车产业的发展趋势。
(2)掌握智能网联汽车的定义。
(3)掌握智能网联汽车的分级标准。
(4)熟悉智能网联汽车关键技术。
(5)了解智能网联汽车的发展现状和趋势。
(6)通过对我国制定的智能网联汽车分级标准及智能汽车发展目标和规划的学习,增强对我国智能网联汽车产业发展的自信心,激发民族自豪感。

一、智能网联汽车发展背景

(一)汽车产业发展趋势——"新四化"

以移动互联、大数据及云计算等技术为代表的新一轮科技革命方兴未艾。在此背景下,中国政府提出了"中国制造 2025"及"互联网+"发展战略,大力推动产业转型升级和结构优化调整。汽车产业作为国民经济的支柱产业，成为新一轮科技革命及中国制造业转型升级的重要支柱。人们对减少交通事故、提高通勤时间效率、乘坐舒适性和空气质量的要求，都是对未来汽车提出的新要求，即安全、高效、舒适和环保。汽车产业经过了一百多年的发展，如今正向着"新四化"方向发展：电动化、智能化、网联化、共享化，如图1-1所示。

图1-1 汽车产业发展趋势——"新四化"

1. 电动化

电动汽车是指全部或部分动力由电动机驱动的汽车。电动化是汽车产业未来的转型方向之一，美国、德国、法国、英国、印度等多个国家都制定了燃油汽车禁售时间表，大多为2025～2030年，汽车动力将随之发生革命性的变化。

2. 智能化

智能化是指汽车通过传感器（摄像头、超声波雷达、毫米波雷达、激光雷达等）实现对周围环境的自主感知，通过传感器信息识别和决策操作，汽车按照预定控制算法的速度与路线规划行驶。单车智能是由智能感知、智能决策和智能执行实现的自动驾驶，通过人机交互为用户提供更优质的体验。

3. 网联化

网联化是指车辆采用新一代移动通信技术（LTE-V、5G等），实现车辆位置信息、车速信息、外部信息等信息交互，并由控制器进行计算，通过决策模块计算后控制车辆按照预先设定的指令行驶。网联是在信息安全的环境下，以端作为数据入口，用管进行通信连接，在云上进行信息交互。通过外界互联能力能够让车知道外界环境的变化，通过通信连接和信息交互进一步增强车辆的智能化程度和自动驾驶能力。

4. 共享化

共享的原点是熟人之间的协作互助，具有互惠和社交的基本属性，是一种社会文明。城市化和人群聚居，为共享经济提供了社会条件，而移动互联网、数字化技术、移动终端及大带宽通信网络的普及，为共享经济的高效交易提供了技术支撑。从社会文明演变的角度看，共享经济是发展的必然趋势，促进了适度消费、协同消费、合作互惠、相互信任的新经济伦理。共享出行是汽车产业战略方向，也是解决城市出行的现实选择。

（二）智能网联汽车的出现

智能网联包括智能化和网联化两个维度。智能网联汽车通过智能化和网联化技术，可实现智能驾驶和与外界的互联。作为一个智能网联移动终端，智能网联汽车兼具安全、高效、舒适、便利的特征，可以同时提高行车安全性、高效性，并提供便捷交互的愉悦体验感，满足人类更多层面的需求。它是城市智能交通系统的重要环节，是构建绿色汽车社会的核心要素，是国际公认的未来发展方向和关注焦点。智能网联汽车提供了一个更安全、更节能、更环保、更舒适的出行方式和综合解决方案。

二、智能网联汽车的定义

根据中国汽车工业协会的定义，智能网联汽车是指搭载先进的车载传感器、控制器、执行器等装置，并融合现代通信与网络技术，实现车与X（车、路、人、云等）智能信息交换、共享，具备复杂环境感知、智能决策、协同控制等功能，可实现安全、高效、舒适、节能行驶，并最终实现替代人来操作的新一代汽车。

图 1-2 阐释了智能网联汽车与车联网、智能交通、智能汽车等概念之间的相互关系。智能汽车隶属于智能交通这一大系统，而智能网联汽车则是智能汽车与车联网的交集。

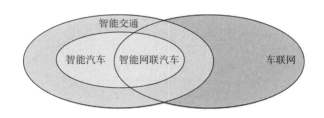

图 1-2　智能网联汽车与车联网、智能交通、智能汽车之间的关系

三、智能网联汽车的分级

（一）美国汽车工程师学会对自动驾驶的分级

2018 年，美国汽车工程师学会（Society of Automotive Engineers，SAE）发布了汽车自动驾驶的分级标准 SAE J3016，具体定义见表 1-1。

表 1-1　美国汽车工程师学会（SAE）对自动驾驶的分级

等级	等级名称	等级定义	动态驾驶任务			系统作用域
			车辆横向和纵向控制	周边监控	支援	
L0	无自动化	由驾驶员全权驾驶车辆	驾驶员	驾驶员	驾驶员	无
L1	驾驶辅助	系统在设定的作业域（部分工况）下，仅控制车辆横向（转向）或者纵向（加减速）运动中的一种；驾驶员负责对车辆进行其余所有操控	驾驶员和系统	驾驶员	驾驶员	部分工况
L2	部分自动化	系统在设定的作业域（部分工况）下，控制车辆的横向（转向）和纵向（加减速）运动；驾驶员需要对周边环境和系统运行状态进行监控	系统	驾驶员	驾驶员	部分工况
L3	有条件自动化	系统在设计的作业域（部分工况）下，完成所有驾驶操作；驾驶员需要在系统提出请求时，提供适当的应答或人工接管车辆	系统	系统	驾驶员	部分工况
L4	高度自动化	系统在设计的作业域（部分工况）下，完成所有驾驶任务；驾驶员不负责对车辆进行人工接管	系统	系统	系统	部分工况
L5	完全自动化	系统在任何环境和条件下，都能完成所有驾驶任务，驾驶员不负责对车辆进行人工接管	系统	系统	系统	所有工况

从 L0 到 L5，不同级别之间的差异在于智能车所搭载的传感器、控制器、执行器等装备的智能化程度不同，导致智能车所具备的复杂环境感知、智能化决策功能、车辆自动控制能力以及对人的依赖程度不同。

（1）L0 级：由驾驶员全权驾驶车辆。

（2）L1 级：在某些环境和条件（系统设计工作工况）下，由系统和驾驶员共同完成对车辆的操控。其中，系统仅控制车辆横向（转向）或者纵向（加减速）运动中的一种，驾驶员则负责对车辆进行其余所有操控。驾驶员需要对周边环境、车辆状态、系统运行状态等进行监控。常见的车道偏离报警、车道保持、自适应巡航控制（Adaptive Cruise Control，ACC）等系统都属于 L1 级的范畴。

（3）L2 级：在某些环境和条件（系统设计工作工况）下，系统控制车辆的横向（转向）和纵向（加减速）运动，但驾驶员需要对周边环境、车辆状态、系统运行状态等进行监控，并随时做好人工接管车辆的准备。在 L2 级，系统的错误感知、判断或操作需要由驾驶员随时纠正。车道内自动驾驶、自动泊车等系统属于 L2 级的范畴。

（4）L3 级：在某些环境和条件（系统设计工作工况）下，系统控制车辆的横向（转向）和纵向（加减速）运动，也能在某些环境下监控驾驶环境，但驾驶员需要在系统提出请求时,提供适当的应答或人工接管车辆。在 L3 级,驾驶员仍无法在行驶时进行深度的休息或睡觉。

(5) L4 级:在某些环境和条件(系统设计工作工况)下,系统能够完成所有驾驶任务并监控驾驶环境,驾驶相关的所有任务和驾驶员无关,驾驶员不负责对车辆进行人工接管,感知外界的责任全在系统。

(6) L5 级:在任何环境和条件下,系统都能完成所有驾驶任务。驾驶员可以从驾驶活动中完全解放出来,从事娱乐、办公等其他操作。

(二)中国对智能网联汽车的分级

中国从智能化和网联化两个维度对智能网联汽车进行分级,具体如下。

在智能化方面,2020 年 3 月 9 日,工信部发布《汽车驾驶自动化分级》推荐性国家标准报批公示,公示截至 2020 年 4 月 9 日,这项标准已于 2021 年 1 月 1 日正式实施。在《汽车驾驶自动化分级》标准中,基于驾驶自动化系统能够执行动态驾驶任务的程度,根据在执行动态驾驶任务中的角色分配以及有无设计运行条件限制,将驾驶自动化分成 0~5 级。

(1) 0 级驾驶自动化(应急辅助) 驾驶自动化系统不能持续执行动态驾驶任务中的车辆横向或纵向运动控制,但具备持续执行动态驾驶任务中的部分目标和事件探测与响应的能力。需要指出的是,0 级驾驶自动化不是无驾驶自动化,0 级驾驶自动化可感知环境,并提供报警、辅助或短暂介入以辅助驾驶员(如车道偏离预警、前碰撞预警、自动紧急制动等应急辅助功能)。此外,不具备目标和事件探测与响应能力的功能(如定速巡航、电子稳定性控制等)不在驾驶自动化考虑的范围内。

(2) 1 级驾驶自动化(部分驾驶辅助) 驾驶自动化系统在其设计运行条件内持续地执行动态驾驶任务中的车辆横向或纵向运动控制,且具备与所执行的车辆横向或纵向运动控制相适应的部分目标和事件探测与响应的能力。对于 1 级驾驶自动化,驾驶员和驾驶自动化系统共同执行动态驾驶任务,并监管驾驶自动化系统的行为和执行适当的响应或操作。

(3) 2 级驾驶自动化(组合驾驶辅助) 驾驶自动化系统在其设计运行条件内持续地执行动态驾驶任务中的车辆横向和纵向运动控制,且具备与所执行的车辆横向和纵向运动控制相适应的部分目标和事件探测与响应的能力。

与 1 级类似的是,对于 2 级驾驶自动化,驾驶员和驾驶自动化系统也是共同执行动态驾驶任务,并监管驾驶自动化系统的行为和执行适当的响应或操作。

(4) 3 级驾驶自动化(有条件自动驾驶) 驾驶自动化系统在其设计运行条件内持续地执行全部动态驾驶任务。对于 3 级驾驶自动化,动态驾驶任务接管用户以适当的方式执行动态驾驶任务接管。

(5) 4 级驾驶自动化(高度自动驾驶) 驾驶自动化系统在其设计运行条件内持续地执行全部动态驾驶任务和执行动态驾驶任务接管。对于 4 级驾驶自动化,系统发出接管请求时,若乘客无响应,系统具备自动达到最小风险状态的能力。

(6) 5 级驾驶自动化(完全自动驾驶) 驾驶自动化系统在任何可行驶条件下持续地执行全部动态驾驶任务和执行动态驾驶任务接管。对于 5 级驾驶自动化,系统发出接管请求时，乘客无须进行响应，系统具备自动达到最小风险状态的能力。此外，5级驾驶自动化在车辆可行驶环境下没有设计运行条件的限制（商业和法规因素等限制除外）。

《汽车产业中长期发展规划》指出，到2020年，汽车驾驶辅助（DA）、部分自动驾驶（PA）、有条件自动驾驶（CA）系统新车装配率超过50%，网联式驾驶辅助系统装配率达到10%，满足智慧交通城市建设需求；到2025年，汽车DA、PA、CA新车装配率达80%，其中PA、CA级新车装配率达25%，高度和完全自动驾驶汽车开始进入市场。

智能网联汽车在网联化方面分为3个等级，分别为网联辅助信息交互、网联协同感知、网联协同决策与控制，见表1-2。

表1-2 中国的网联化分级标准

网联化等级	等级名称	等级定义	控制	典型信息	传输需求
1	网联辅助信息交互	基于车-路、车-后台通信，实现导航等辅助信息的获取以及车辆行驶与驾驶员操作等数据的上传	人	地图、交通流量、交通标志、油耗、里程等	传输实时性和可靠性要求较低
2	网联协同感知	基于车-车、车-路、车-人、车-后台通信，实时获取车辆周边交通环境信息，与车载传感器的感知信息融合，作为车辆自动驾驶决策与控制系统的输入	人与系统	周边车辆、行人、非机动车位置、信号灯相位等	传输实时性和可靠性要求较高
3	网联协同决策与控制	基于车-车、车-路、车-人、车-后台通信，实时并可靠获取车辆周边交通环境信息及车辆决策信息，车-车、车-路等各交通参与者之间信息进行交互融合，形成车-车、车-路等各交通参与者之间的协同决策与控制	人与系统	车-车、车-路间的协同控制信息	传输实时性和可靠性要求最高

四、智能网联汽车产品体系与关键技术

（一）智能网联汽车产品体系

智能网联汽车的产品体系分为感知系统、决策系统、执行系统3个层次，如图1-3所示。感知系统相当于人的眼睛和耳朵等感觉器官，利用摄像头、超声波雷达、毫米波雷达、激光雷达等主要车载传感器及V2X通信系统感知周围环境，为智能网联汽车的决策系统提供决策依据。决策系统相当于人的大脑，在接收到自车状态和环境信息后，根据全局行车目标，进行舒适、节能、高效的正确决策，得出需采用的驾驶行为及动作的时机。执行系统相当于人的手和脚，控制车辆跟踪决策系统输出的规划路径行驶。

智能网联汽车的产业链涵盖了传统汽车厂商、电子、通信、互联网、交通等多个领域，

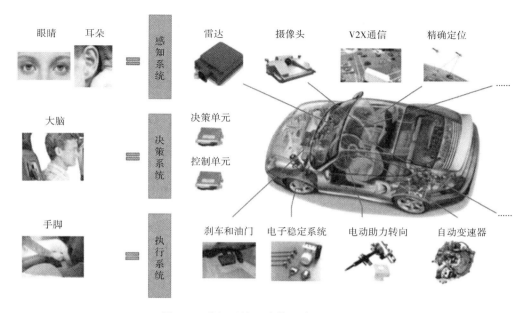

图 1-3 感知系统、决策系统、执行系统

主要包括：

（1）整车企业 提出产品需求，开发智能汽车整车平台，提供车辆信息接口，完成集成测试。

（2）传感器厂商 开发和供应先进的传感器系统，包括机器视觉系统、激光雷达系统、毫米波雷达系统、超声波雷达系统等。

（3）智能驾驶系统供应商 智能驾驶技术（如自动紧急制动、自动泊车系统等）研发和集成供应的企业。

（4）通信系统厂商 提供 V2X 通信系统和服务的企业。

（5）高精度地图供应商 提供智能网联所需高精度地图和定位技术。

（6）芯片厂商 开发和提供车规级芯片系统，包括环境感知系统芯片、车辆控制系统芯片、通信芯片等。

（7）平台开发与服务运营商 开发车联网服务平台，提供平台运营与大数据挖掘分析服务。

（二）智能网联汽车关键技术

智能网联汽车综合运用了汽车工程、自动控制、计算机、微电子、人工智能、通信与大数据平台等技术，其技术架构可以概括为图 1-4 所示的"三横两纵"结构。"三横"是指智能网联汽车包含的车辆/设施、信息交互和基础支撑这三大类关键技术，"两纵"是指支撑智能网联汽车的车载平台和基础设施条件。

其中，车辆/设施关键技术包括环境感知技术、智能决策技术和控制执行技术。

（1）环境感知技术 包括利用机器视觉的图像识别技术、利用雷达（激光、毫米波、超

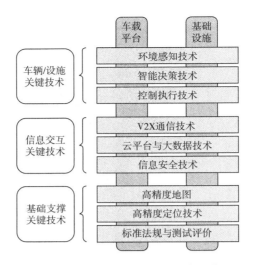

图 1-4 "三横两纵"关键技术架构

声波)的周边障碍物检测技术、多传感器信息融合技术、传感器冗余设计技术等,如图 1-5 所示。

图 1-5 环境感知

(2)智能决策技术 包括危险事态建模技术、危险预警与控制优先级划分、群体决策和协同技术、局部轨迹规划、驾驶员多样性影响分析等。

(3)控制执行技术 包括面向驱动和制动的纵向运动控制、面向转向的横向运动控制,基于驱动、制动、转向、悬架的底盘一体化控制,融合车联网(V2X)通信及车载传感器的多车队列协同和车路协同控制等。

信息交互关键技术包括 V2X 通信技术、云平台与大数据技术和信息安全技术。

(1)V2X 通信技术 依据通信的覆盖范围可分为车内通信、车际通信和广域通信。车内通信包括蓝牙技术、Wi-Fi 技术和以太网通信技术;车际通信包括专用的短程通信技术(Delicated Short Range Communications,DSRC)、LTE-V(Long Term Evolution-Vehicle）；广域通信包括应用在移动互联网领域的 4G、5G 等通信方式。通过无线通信技术，车载通信系统将更有效地获得的驾驶员信息、自身车辆信息和周边环境信息，进行整合与分析，如图 1-6 所示。

图 1-6　V2X 通信

（2）云平台与大数据技术　包括智能网联汽车云平台架构与数据交互标准、云操作系统、数据高效存储和检索技术、大数据的关联分析和深度挖掘技术等。

（3）信息安全技术　包括汽车信息安全建模技术，数据存储、传输与应用三维度安全体系，汽车信息安全测试方法，信息安全漏洞应急响应机制等。智能网联汽车和外界存在大量信息交互，因此必须特别重视信息安全技术，以保证信息交互过程中的车辆安全，如图 1-7 所示。

图 1-7　信息安全

基础支撑关键技术包括高精度地图、高精度定位技术和标准法规与测试评价。

（1）高精度地图与高精度定位技术　如图 1-8 所示，高精度地图包括车道线、人行道、红绿灯等信息。高精度地图与高精度定位技术包括高精度地图数据模型与采集式样、交换格式和物理存储的标准化技术，基于北斗地基增强的高精度定位技术，多源辅助定位技术等。

图 1-8　高精度地图

（2）标准法规与测试评价　包括智能网联汽车整体标准体系和设计汽车、交通、通信等各领域的关键技术标准，以及智能网联汽车和零部件产品的测试评价标准。

五、智能网联汽车发展现状与趋势

（一）智能网联汽车发展现状

在智能化方面，经过多年的发展，L1级和L2级自动驾驶系统已经较为成熟，各大汽车企业都在量产车型上规模化装配了L1级和L2级自动驾驶系统，如前向碰撞预警、车道偏离预警、盲区监测、车道保持系统、自适应巡航等。在量产车中，2017年上市的奥迪A8是全球第一款宣布达到L3级自动驾驶系统的车型。奥迪A8配备了1颗激光雷达、4颗毫米波雷达、12颗超声波雷达、4颗鱼眼摄像头、1颗前视摄像头。其中，4颗鱼眼摄像头用于360°环视系统，12颗超声波雷达用于自动泊车系统，其他传感器用于实现车辆行驶过程中的障碍物、行人、车道线等环境数据的采集和监测。目前L4级和L5级自动驾驶系统处于研发和测试阶段，尚未实现大规模量产，如图1-9所示为谷歌发布的无人驾驶汽车，图1-10所示为百度Apollo试验车等。

智能网联汽车的发展可大致分为：自主式驾驶辅助（对应美国SAE分级L1和L2）、网联式驾驶辅助（对应SAE分级L1和L2）、人机共驾（对应SAE分级L3）、高度自动/无人驾驶（对应SAE分级L4和L5）4个阶段。

自主式驾驶辅助系统是指依靠车载传感系统进行环境感知并对驾驶员进行驾驶操作辅助的系统，目前已经得到大规模产业化发展。网联式驾驶辅助系统是指依靠信息通信技术（Information Communication Technology，ICT）对车辆周边环境进行感知，并可对周围车辆未来运动进行预测，进而对驾驶员进行驾驶操作辅助的系统。通过现代通信与网络技术，汽车、道路、行人等交通参与者都已经不再是孤岛，而是成了智能交通系统中的信息节点。

图 1-9 谷歌无人驾驶汽车

图 1-10 百度 Apollo 试验车

人机共驾指驾驶人和智能系统同时在环,分享车辆控制权,人机一体化协同完成驾驶任务。处于高度自动/无人驾驶阶段的智能汽车,驾驶员不需要介入车辆操作,车辆将会自动完成所有工况下的自动驾驶。

目前在全球范围内,自主式驾驶辅助系统已经开始大规模产业化,网联化技术的应用已经进入大规模测试和产业化前期准备阶段,人机共驾和无人驾驶技术还处于研发和小规模测试阶段。

(二)智能网联汽车发展趋势

(1)激光雷达等先进传感器加速向低成本、小型化发展 激光雷达相对于毫米波雷达等其他传感器具有分辨率高、识别效果好等优点,但其体积大、成本高,同时也更易受雨雪等天气条件影响,这导致它现阶段难以大规模商业化应用。目前激光雷达正向着低成本、小型化的固态扫描或机械固态混合扫描形式发展。

(2)自主式智能与网联式智能技术加速融合 网联式系统能从时间和空间维度突破自主式系统对车辆周边环境的感知能力。在时间维度,通过 V2X 通信,系统能够提前获知周边车辆的操作信息、红绿灯等交通控制系统信息，以及气象条件、拥堵预测等更长期的未来状态信息。在空间维度，通过V2X通信，系统能够感知交叉路口盲区、弯道盲区、车辆遮挡盲区等位置的环境信息，从而帮助自动驾驶系统更全面地掌握周边交通态势。网联式智能技术与自主式智能技术相辅相成、互为补充，正在加速融合发展。

（3）人工智能技术快速发展和应用　以"深度学习"方法为代表的人工智能（AI）技术在智能网联汽车上正在得到快速应用。尤其在环境感知领域，深度学习方法已凸显出巨大的优势，正在以惊人的速度替代传统机器学习方法，但深度学习方法仍需克服需要大量的数据作为学习的样本库，对数据采集和存储的要求高、对车载芯片处理能力要求高的障碍。

（4）高速公路自动驾驶与低速区域自动驾驶系统将率先应用　高速公路与城市低速区域将是自动驾驶系统率先应用的2个场景。高速公路的车道线、标示牌等结构化特征清晰，而且交通环境相对简单，因而适合车道偏离报警（Lane Departure Warning，LDW）、车道保持系统（Lane Keeping System，LKS）、自动紧急制动（Automatic Emergency Braking，AEB）、自适应巡航控制（Adaptive Cruise Control，ACC）等驾驶辅助系统的应用。在特定的城市低速区域内，可提前设置好高精度定位、V2X等支撑系统，采集好高精度地图，利于实现在特定区域内的自动驾驶，如图1-11所示为自动物流运输车、景区自动摆渡车、园区自动通勤车等。

图1-11　自动物流运输车

（5）自动驾驶汽车测试评价方法研究与测试场建设成为热点　自动驾驶汽车的安全性越来越多地受到关注，自动驾驶汽车测试评价方法的研究及测试场、示范区的建设成为全球热点。

如何测试自动驾驶汽车？一种潜在的解决方案是引入"普通人类驾驶员"的抽象概念并建立安全基线，即用一系列定性、定量的关键功能、性能指标，表征自动驾驶系统驾驶汽车的安全程度。如果把自动驾驶系统看作一个驾驶员，对其的考核也可以类比驾驶员的考核过程。首先需要"体检"，检查自动驾驶系统对环境感知、车辆控制等的基本能力；其次是理论测试，测试自动驾驶汽车对交通法规的遵守能力；再次是场地考核，既在特定场景下的自动驾驶测试；最后是实路考核，将自动驾驶汽车放置于特定开放测试道路内进行实际测试。

单元小结

本单元内容是本门课程的概述,介绍了汽车产业的发展趋势——"新四化"(电动化、智能化、网联化、共享化),阐述了智能网联汽车的定义,详细解释了美国汽车工程师学会和我国对于智能网联汽车的分级标准,介绍了智能网联汽车的产品体系及"三横两纵"关键技术架构,最后分析了智能网联汽车的发展现状和趋势。

课后习题

一、填空题

1. 目前,汽车产业正向着"新四化"方向发展,"新四化"分别是指 _____、_____、_____、_____。
2. 智能网联包括 _____ 和 _____ 两个维度。
3. 美国汽车工程师学会(SAE)发布的汽车自动驾驶的分级标准中,L1 指_____,L2 指_____,L3 指_____,L4 指_____,L5 指_____。
4. 中国把智能网联汽车在网联化方面,分为 3 个等级,分别为 _____、_____、_____。
5. 智能网联汽车的"三横两纵"关键技术架构中,信息交互关键技术包括_____、_____、_____。

二、选择题

1. 在_____级自动驾驶系统中,系统在任何环境和条件下,都能完成所有驾驶任务,驾驶员不负责对车辆进行人工接管。
   A. L2
   B. L3
   C. L4
   D. L5
2. 在_____级自动驾驶系统中,系统根据环境信息对方向转角或加减速控制中的一项提供支援,其他驾驶操作由驾驶员完成。
   A. DA
   B. PA
   C. CA
   D. HA
3. 智能网联汽车的"三横两纵"关键技术架构中,车辆/设施关键技术包括_____、智能决策技术和控制执行技术
   A. V2X 通信技术
   B. 环境感知技术
   C. 信息安全技术
   D. 高精度定位技术
4. 智能网联汽车的发展可大致分为:_____、网联式驾驶辅助、人机共驾、高度自动/无人驾驶 4 个阶段。
   A. 协同式驾驶辅助
   B. 分布式驾驶辅助
   C. 自主式驾驶辅助
   D. 集中式驾驶辅助
5. 智能网联汽车的产品体系分为感知系统、决策系统、执行系统 3 个层次。_____相当于人的眼睛和耳朵等感觉器官,利用摄像头、超声波雷达、毫米波雷达、激光雷达等主要车载传感器以及 V2X 通信系统感知周围环境。
   A. 感知系统
   B. 决策系统
   C. 执行系统
   D. 控制系统

三、简答题

1. 智能网联汽车、智能汽车与车联网、智能交通等概念之间的相互关系是什么？
2. 智能网联汽车的"三横两纵"关键技术架构中，"三横"和"两纵"分别指哪些技术？
3. 智能网联汽车发展趋势有哪些？

单元一　课后习题-参考答案

单元二
汽车总体结构及线控技术

学习导入

作为智能网联汽车的核心技术，控制执行技术需要依靠转向、驱动、制动等底盘机构来完成。自动驾驶的决策规划系统根据传感器得到周围环境信息与道路交通信息，进行路径规划和行为决策，并将决策规划结果分解为控制指令下发至控制执行系统，这一过程均为电信号，因此需要对传统汽车的底盘进行线控改造使其适用于自动驾驶。

学习目标

（1）了解汽车的发展历程、类型。
（2）掌握汽车的总体构造以及布置形式。
（3）了解线控技术的起源和优缺点。
（4）掌握线控转向系统的组成、工作原理。
（5）掌握线控制动系统的组成、工作原理。
（6）掌握线控油门系统的组成、工作原理。
（7）结合世界汽车工业发展史上的三次巨大变革，引导认识创新意识的重要性，只有通过不断地创新，才能推动世界的发展和进步。

一、汽车总体结构

（一）汽车的发展历程

汽车自19世纪末诞生以来，已经过一百多年的发展，不断改进、创新，凝聚了人类的智慧和匠心。其得益于石油、钢铁、铝、化工、塑料、机械设备、电力、道路网、电子技术与金融等多种行业的支撑,成为现在这样具有多种形式、不同规格,广泛用于社会经济生活多种领域的交通运输工具。

1. 汽车的诞生

在汽车发展史上,被公认的第一辆汽车的发明者是卡尔·弗里特立奇·本茨。1885年,卡尔·本茨在德国曼海姆制造出第一辆汽油发动机汽车。

卡尔·本茨于1886年1月29日向当时的德国专利局申请了汽车专利证书,这一天被人们称为汽车的诞生日,卡尔·本茨被誉为"汽车之父"。图2-1所示为卡尔·本茨和他发明的第一辆汽车。

图2-1 卡尔·本茨和他发明的第一辆汽车

汽车的另一位创始人是戈特利布·威廉·戴姆勒。1885年,戴姆勒和他的助手威廉·迈巴赫制造出一台风冷、单缸二冲程、排量为264mL、最大功率为2.7195kW(600r/min)的汽油发动机。他们把这台发动机安装在以橡木为车架的自行车上,成为世界上第一辆摩托车。戴姆勒于同年的8月29日获得专利,成为世界摩托车工业的鼻祖。

继摩托车之后,戴姆勒于1886年8月订购了一辆马车,他在埃斯林加机械制造厂将这辆四轮马车加以改制,增加了传动、转向等机构,然后在车身后部装上一台单缸水冷汽油发动机,制成了世界上第一辆四轮汽油发动机汽车,如图2-2所示。

图2-2 戴姆勒和他发明的四轮汽油发动机汽车

1890年11月28日,戴姆勒创建了戴姆勒机动车有限公司,开始批量生产汽车,并于1926年6月29日与奔驰汽车公司合并,成为戴姆勒-奔驰汽车公司。

卡尔·本茨和戈特利布·威廉·戴姆勒的发明成为汽车发展史上最重要的里程碑,一同被称为"世界汽车之父"。

2. 世界汽车工业的发展

在一百多年的汽车发展历史中，世界汽车工业经历了三次巨大变革。第一次变革是美国福特汽车公司推出 T 型车，并发明了汽车装配流水线，使世界汽车工业的中心从欧洲转向美国。第二次变革是欧洲通过多品种的生产方式，打破了美国汽车公司在世界车坛上的长期垄断地位，使世界汽车工业的中心从美国又转回欧洲。第三次变革是日本通过完善生产管理体制形成精益的生产方式，全力发展物美价廉的经济型轿车，日本成了继美国、欧洲之后世界第三个汽车工业发展中心。

（1）第一次变革：美国流水线大批量生产汽车　在 T 型车出现之前，汽车是为少数人生产的奢侈品。1908 年，汽车发展史上第一辆在生产线上装配的福特 T 型车在美国诞生。如图 2-3 所示，福特 T 型车一改以往马车式的造型，加上功能配置上的创新和改进，使它成为当时最佳的个人城市交通工具，上市第一年就卖出 1.9 万辆。

图 2-3　福特 T 型车

1913 年，福特汽车公司在底特律建成了世界上第一条汽车装配流水线，如图 2-4 所示。T 型车成为大批量生产汽车的开端，汽车装配时间从 12.5h 缩短到 1.5h。从 1908 年到 1927 年，T 型车总共生产了 1500 多万辆，这一车型累计产量纪录直到 1972 年才被德国甲壳虫汽车打破。T 型车售价从开始的每辆 850 美元到最后降到 360 美元。1915 年仅福特汽车公司的年产量就占美国汽车公司总产量的 70%，而当时生产汽车历史较长的德、英、法等欧洲各国的汽车总产量只是美国汽车产量的 5%。

图 2-4　福特公司的第一条汽车装配流水线

T型车出现的意义在于：将汽车从贵族和有钱人的专利品变为大众化的商品，将家庭汽车从神话变为现实。T型车推进了世界汽车工业的发展，使世界汽车工业的发展从欧洲转向美国，美国从此成为世界汽车工业的发展中心。

（2）第二次变革：欧洲汽车产品多样化　第二次世界大战期间，欧洲各国汽车工业不得不为军需提供服务，生产军用车辆和装备。战后随着经济的复苏和政府支持的加强，欧洲汽车工业得到快速发展，1960年汽车年产量达到205.5万辆，年均增长21%。

其实第二次世界大战以前，欧洲人就已经开始对美国汽车一统天下颇有异议，但由于当时欧洲的汽车公司尚不能大批量生产汽车，使汽车成本和售价无法降低，无力与美国的汽车公司竞争。于是，欧洲人便以新颖的汽车产品，如发动机前置前驱、发动机后置后驱、承载式车身、微型节油汽车等技术改进，以及尽量适应不同的道路条件、国民爱好要求的优势，与美国汽车公司抗衡。这样，欧洲便形成了由汽车产品单一到多样化的变革。针对美国车型单一、体积庞大、油耗高等弱点，欧洲开发了多姿多彩的新车型。例如神奇的甲壳虫、风靡全球的MINI和轻盈典雅的法拉利等车型纷纷亮相，如图2-5所示。

（a）甲壳虫轿车

（b）MINI轿车

图2-5　早期的甲壳虫轿车和MINI轿车

多样化的产品成为最大优势，规模效益也得以实现。到1966年，欧洲的汽车产量突破1000万辆，比1955年产量增长5倍，年均增长率为10.6%，超过北美的汽车产量，成为世界第二个汽车工业发展中心。到1973年，欧洲汽车产量又提高到1500万辆，世界汽车工业的中心又从美国转回欧洲。

（3）第三次变革：日本精益的生产方式　日本汽车工业起步较晚，日本第一大汽车公司丰田汽车公司和第二大汽车公司日产汽车公司均创建于1933年。进入20世纪60年代以后，经济型轿车的生产在日本逐年增加。从1960年到1966年日本的人均国民生产总值从500美元提高到1000美元，为汽车的普及创造了条件。日本各汽车公司及时推出物美价廉的汽车，其售价与20世纪50年代中期相比下降了30%~50%，于是日本出现了普及汽车的高潮。日本称1966年为普及私人汽车的元年。

同时，以丰田为代表的几家汽车公司，将"全面质量管理"和"计时生产系统"两种新型的管理机制应用于汽车生产。前者要求工人承担更多的责任，把产品质量放在首要位置；后者要求做好技术服务，推行精益的生产方式。两者紧密结合、相辅相成，推动了日本汽车工业的高速发展。1973年日本汽车出口量达到200万辆，1977年达到400万辆，到了1980年猛增到600万辆。日本实现了汽车国内销售量和出口量双高速增长，创造了世界汽车工业发展的奇迹，成为继美国、欧洲后的世界上第三个汽车工业发展中心，使世界汽车工业中心又从欧洲转移到了日本。

如图2-6所示为早期的丰田轿车和日产轿车。

（a）丰田轿车　　　　　　　　　　　　（b）日产轿车

图 2-6　早期的丰田轿车和日产轿车

3. 中国汽车工业的发展

中华人民共和国成立后，中国的汽车工业才得以建立和发展。经过半个世纪的努力，中国汽车工业发生了翻天覆地的变化。从一个曾经只有卡车没有轿车、只有公车没有私车、只有计划没有市场的汽车工业，最终形成了一个种类齐全、生产能力不断增长、产品水平日益提高的汽车工业体系。中国汽车工业半个多世纪来，经历了创建、成长和全面发展三个历史阶段。

（1）创建阶段　1953年7月15日在长春打下了第一根桩，从而拉开了我国汽车工业筹建工作的帷幕。国产第一辆汽车于1956年7月13日驶下总装配生产线。由长春一汽生产的解放牌载货汽车，结束了中国不能自己制造汽车的历史。

如图2-7所示为长春一汽制造厂外景和解放牌载货汽车。

图 2-7　长春一汽制造厂外景和解放牌载货汽车

一汽是我国第一个汽车工业生产基地。同时，也决定了中国汽车业自诞生之日起就重点选择以中型载货车、军用车及其他改装车（如民用救护车、消防车等）为主的发展战略，使得中国汽车工业的产业结构从开始就形成了"缺重少轻"的特点。

1957年5月，一汽开始仿照国外样车自行设计轿车。1958年先后试制成功CA71型"东风牌"小轿车和CA72型"红旗牌"高级轿车，同年9月又一辆国产"凤凰牌"轿车在上海诞生。从此"红旗牌"高级轿车被列为国家礼宾用车，并用作国家领导人乘坐的庆典检阅车。

如图 2-8 所示为东风 CA71 型轿车和红旗 CA72 型轿车。

(a) 东风CA71型轿车　　　　　　　　(b) 红旗CA72型轿车

图 2-8　东风 CA71 型轿车和红旗 CA72 型轿车

(2) 成长阶段　1964 年国家确定建设以生产越野汽车为主的第二汽车制造厂（简称"二汽"）。二汽是我国汽车工业第二个生产基地，与一汽不同的是，二汽是依靠我国自己的力量在湖北省十堰市兴建和投产的大型汽车制造厂。当时主要生产中型载货汽车和越野汽车。二汽拥有约 2 万台设备，100 多条自动生产线。二汽的建成开创了中国汽车工业以自己的力量设计产品、确定工艺、制造设备和兴建工厂的纪录，检验了整个中国汽车工业和相关工业的水平，标志着中国汽车工业上了一个新台阶。

与此同时，四川、陕西汽车制造厂和陕西汽车齿轮厂分别在重庆市大足县和陕西省宝鸡市（现已迁西安）兴建和投产，主要生产重型载货汽车和越野汽车。20 世纪 60 年代中后期，国家提出"大打矿山之仗"的决策，矿用自卸车成为其重点装备，上海 32t 矿用自卸车试制成功投产之后，天津 15t、常州 15t、北京 20t、一汽 60t（后来转到本溪）和甘肃白银 42t 电动轮矿用自卸车也相继试制成功并投产。图 2-9 所示为我国第一台 32t 矿用自卸车。

图 2-9　我国第一台 32t 矿用自卸车

这一时期由于全国汽车供不应求，引发了中国汽车工业发展的第二次热潮。从 1964 年起，上海汽车厂批量生产了上海牌（原凤凰牌）轿车，逐渐形成生产5000辆汽车的水平。到1976年全国汽车生产厂家增加到53家，专用改装厂增加到166家，但每个厂平均产量不足千辆，大多数处于较低水平。

（3）全面发展阶段　在改革开放方针的指导下，汽车工业进入全面发展阶段。汽车老产品（解放、跃进、黄河车型）升级换代，结束了30年一贯制的历史；调整商用车产品结构，改变"缺重少轻"的生产格局；引进技术和资金，建设轿车工业，形成生产规模；行业管理体制和企业经营机制改革，汽车车型品种、质量和生产能力大幅增长。在这30多年中，中国汽车工业发生了重大变革，成为中国汽车工业一个旧时代的结束和一个新时代开始的分水岭。

（4）高速增长阶段　在此期间，我国的汽车工业尤其是轿车工业蒸蒸日上，新车型如雨后春笋般涌现出来。随着科学技术的进步，整车技术特别是环保指标大幅度提高。经过十几年的发展演变，如今初步形成了"3+X"的格局，"3"是指一汽、东风、上汽3家骨干企业，"X"是指广汽、北汽、长安、比亚迪、吉利、奇瑞、长城等企业。同时，在国家政策的引导下，还孕育出一批新的且具备一定潜力的新能源汽车企业。中国汽车工业已经从原来那个各自独立的散、乱、差局面变成现在的以大集团为主的规模化、集约化的产业新格局，如今中国已成为世界三大汽车生产国之一。

（二）汽车的分类及编号规则

现代汽车技术发展迅猛，汽车已作为现代人们必备的交通工具。汽车种类繁多，各国对汽车的分类也有不同的标准。现在世界各国汽车公司生产的汽车大部分都使用了VIN（Vehicle Identification Number）车辆识别代码。

1. 汽车的分类

根据汽车分类新标准GB/T 3730.1—2001《汽车和挂车类型的术语和定义》的规定，可以将汽车分为乘用车和商用车两大类。

（1）乘用车　乘用车是指在设计和技术特性上主要用于载运乘客及其随身行李或临时物品的汽车，车辆座位少于九座（含驾驶员位）。乘用车可细分为基本型乘用车、多功能车（MPV）、运动型多用途车（SUV）、专用乘用车和交叉型乘用车。

① 基本型乘用车　基本型乘用车的概念等同于旧标准中传统的两厢或三厢轿车，如图2-10所示。

② 多功能车（MPV）　多功能车是从旅行轿车演变而来，它集旅行车宽大乘员空间、轿车的舒适性和厢式货车的功能于一身，一般为两厢式结构，可以坐7~8人，如图2-11所示。

图2-10　基本型乘用车

图2-11　多功能车

③ 运动型多用途车（SUV） 运动型多用途车集轿车的舒适性和越野车的动力性于一体。最大的优点是动力强、越野能力强、车内空间宽敞舒适及具有良好的载物和载客功能，如图 2-12 所示。

④ 专用乘用车 专用乘用车是指运载乘员或物品并完成特定功能的乘用车，具备完成特定功能所需的特殊装备，如旅居车、防弹车、救护车、殡仪车等，如图 2-13 所示。

⑤ 交叉型乘用车 交叉型乘用车是指不能列入上述车型外的其他乘用车。这部分车型主要指的是旧标准中的微型客车，如面包车等，如图 2-14 所示。

图 2-12 运动型多用途车

图 2-13 专用乘用车（救护车）

图 2-14 交叉型乘用车

（2）商用车 商用车是指在设计和技术特征上用于运送人员和货物的汽车，并且可以牵引挂车。商用车包含了所有的载货汽车和 9 座以上的客车。商用车可细分为客车、货车、半挂牵引车、客车非完整车辆和货车非完整车辆这五类。

① 客车 客车指用于载运乘客及其随身行李的商用车辆，包括驾驶员座位在内座位数超过 9 座。按车身长度可分为小型客车、中型客车和大型客车（图 2-15）。

- 小型客车：车身长度≤6m；
- 中型客车：6m＜车身长度≤9m；
- 大型客车：车身长度＞9m。

② 货车 货车是一种主要为载运货物而设计和装备的商用车辆，它可以牵引一辆挂车。货车按用途可分为普通货车、特种货车和自卸车等，如图 2-16 所示。

图 2-15 大型客车

图 2-16 货车

③ 半挂牵引车 半挂牵引车是装备有特殊装置用于牵引半挂车的商用车辆，前面有驱动能力的车头叫牵引车，后面没有牵引驱动能力的车叫挂车，如图 2-17 所示。

④ 客车非完整车辆 客车非完整车辆指可以行驶的客车底盘，在客车非完整车辆上加装不同的车身结构可组装成房车和豪华旅行车等，一般按照长度进行细分，如图 2-18 所示。

图 2-17 半挂牵引车

图 2-18 客车非完整车辆

⑤ 货车非完整车辆　货车非完整车辆指可以行驶的货车底盘，在货车非完整车辆上加装不同的专业设备可组装成油罐车、洒水车和垃圾车等，一般按照总质量进行细分，如图 2-19 所示。

2. 车辆识别代号编码

车辆识别代码就是汽车的身份证号，它根据国家车辆管理标准确定，包含了车辆的生产国别、

图 2-19 货车非完整车辆

生产公司或者生产厂家、车辆类型、品牌名称、车型系列、车身形式、发动机型号、车型年款、安全防护装置型号、检验数字、装配工厂名称和出厂顺序号码等信息。

（1）用途　车辆识别代号编码 VIN 由一组字母和阿拉伯数字组成，共 17 位，又称 17 位识别代号编码。它是识别一辆汽车不可缺少的工具。它的用途如下。

① 汽车管理　用于汽车登记注册和信息化管理，如处理交通事故、保险索赔、查获被盗车辆和报案等。

② 汽车维修　用于故障诊断、汽车配件的经营管理和订购。

③ 汽车检测　用于汽车的年检和安全性能检测。

④ 二手车交易　用于查询该车的历史信息。

⑤ 汽车召回　查询汽车的生产年代、车型及生产数量。

（2）基本内容　车辆识别代号由 3 个部分组成：第 1 部分是世界制造厂识别代号（WMI），第 2 部分是车辆说明部分（VDS），第 3 部分是车辆指示部分（VIS），如图 2-20 所示。

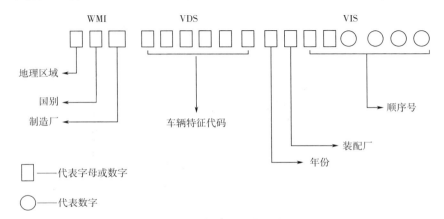

图 2-20 车辆识别代号编码

① 世界制造厂识别代号（WMI）　世界制造厂识别代号的第1位字码是标明一个地理区域的字母或数字，第2位字码是标明一个特定地区内的一个国家的字母或数字，第3位字码是标明某个特定制造厂的字母或数字。3位字码的组合能保证制造厂识别标志的唯一性。对于年产量不足500辆的制造厂，其世界制造厂识别代号的第3位字码必须为数字9。此时车辆指示部分的第3～5位字码将与第1部分的3位字码作为世界制造厂识别代号。

② 车辆说明部分（VDS）　车辆说明部分由6位字码组成，表示车辆的类型和配置，其代号顺序由制造厂决定。该部分包括以下信息：汽车系列、动力系统（如发动机型号、变速器形式）、车身形式、约束系统配置（安全气囊、安全带）和检验位等。

③ 车辆指示部分（VIS）　车辆指示部分由8位字码组成，是制造厂为了区分每辆汽车制定的一组字符。第1位字码指示车辆生产年份；第2位字码指示装配厂；如果制造厂生产的某种类型车辆年产量不少于500量，则第3～8位字码表示生产顺序号。

（3）汽车上VIN码的位置　VIN识别代号编码一般以标牌的形式贴在汽车的不同部位。不同的汽车厂商和汽车品牌，VIN码所处的位置也有所不同，汽车上VIN码常见的位置如图2-21所示。

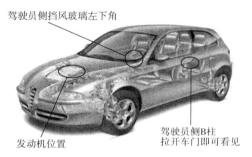

图2-21　汽车VIN码标识位置

（三）汽车的总体构造及车辆布置形式

汽车的总体构造是指汽车各个部件的总和。相同的汽车部件，根据不同的汽车类型和功能要求，放置的位置和布置形式也有所不同。

1. 汽车总体构造

汽车通常由发动机、底盘、车身和电气设备等四个部分组成，如图2-22所示。

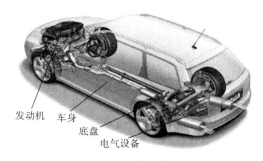

图2-22　汽车总体构造

(1) 发动机　发动机是为汽车提供动力的装置，是汽车的心脏。一般汽车都采用往复活塞式内燃机。发动机由曲柄连杆机构、配气机构、燃料供给系、冷却系、润滑系、点火系（汽油机）和启动系组成。柴油机采用压燃式燃烧，所以不存在点火系。

(2) 底盘　底盘是汽车的传力和支撑装置，接受来自发动机的动力，经变速后传递给车轮，使汽车产生运动，并保证正常行驶。底盘由传动系、行驶系、转向系和制动系组成。

① 传动系：将发动机的动力传递给驱动车轮，包括离合器、变速器、万向传动装置和驱动桥等部件。

② 行驶系：使汽车各总成及部件安装在合适位置，支撑全车并保证正常行驶，包括车架、车桥、车轮和悬架等部件。

③ 转向系：保证汽车能按照驾驶员所选定的方向行驶，包括转向器和转向传动机构。

④ 制动系：使汽车减速或停车的装置，并且能保证驾驶员离开后，汽车仍能可靠地驻留原地，包括制动器和制动传动机构。

(3) 车身　车身是形成驾驶员和乘客乘坐空间，并能存放行李或其他物品的装置。车身为驾驶员和乘客提供了舒适安全的乘坐环境。轿车车身由本体、内外饰和车身附件等组成。

(4) 电气设备　电气设备是汽车的重要组成部分，由电源、发动机点火系（汽油机）、启动系、照明和信号装置、空调系统、仪表装置和辅助电气装置等组成。对于高级轿车，更多地采用了现代新技术，尤其是电子技术，如微处理器、中央计算机系统及各种人工智能装置等，从而显著提高了汽车的性能。

2. 汽车的布置形式

为满足不同的功能要求，汽车的总体结构和布置形式也各不相同，按发动机和各个总成相对位置的不同，汽车的布置形式可分为前置前驱（FF）、前置后驱（FR）、后置后驱（RR）、中置后驱（MR）和全轮驱动（4WD）五种形式。

(1) 前置前驱（FF）　前置前驱是指发动机放置在车的前部，采用前轮作为驱动轮。现在大部分轿车都采取这种布置方式，如图 2-23 所示。

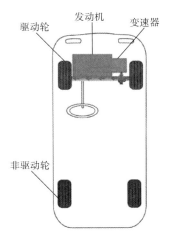

图 2-23　前置前驱汽车构造

优点：

① 省略了传动轴装置，减轻车重，结构比较紧凑；

② 有效地利用了发动机舱的空间，驾驶室内空间较为宽敞，并有利于降低底板高度，提高乘坐舒适性；

③ 发动机等总成前置，增加前轴的负荷，提高了轿车高速行驶时的操纵稳定性和制动时的方向稳定性。

缺点：

① 启动、加速或爬坡时，前轮负荷减少，导致牵引力下降；

② 前桥既是转向桥，又是驱动桥，结构及工艺复杂，制造成本高，维修保养困难。

（2）前置后驱（FR） 前置后驱是指发动机放置在车前部，采用后轮作为驱动轮，是传统的布置形式。国内外大多数货车、部分轿车和部分客车都采用这种形式，如图2-24所示。

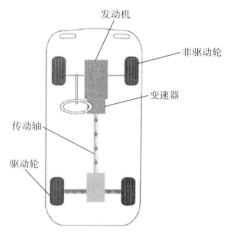

图 2-24 前置后驱汽车构造

优点：

① 在良好的路面上启动、加速或爬坡时，驱动轮的负荷增大（即驱动轮的附着压力增大），其牵引性能比前置前驱形式优越；

② 轴荷分配比较均匀，因而具有良好的操纵稳定性和行驶平顺性，并有利于延长轮胎的使用寿命；

③ 转向轮是从动轮，转向机构结构简单，便于维修。

缺点：

① 采用了传动轴装置，增加车重，同时降低动力传动系统的传动效率，影响了燃油经济性；

② 纵置发动机、变速箱和传动轴等总成的布置，使驾驶室空间减小，影响乘坐舒适性，后排底板中央有凸起；

③ 在雪地或易滑路面上启动加速时，后轮推动车身，易发生甩尾现象。

（3）后置后驱（RR） 后置后驱是指将发动机放置在后轴的后部，采用后轮作为驱动轮，是目前大、中型客车广泛采用的布置形式，如图2-25所示。

优点：

① 后置后驱车的重量大多集中于后方，又是后轮驱动，所以起步、加速性能非常好。

② 转弯性能比较敏锐。

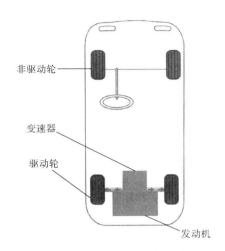

图 2-25 后置后驱汽车构造

缺点：
① 由于后轴承受较大负荷，因此后轮的抓地力达到极限时，会有打滑甩尾现象，且不容易控制。
② 车头较轻，所以开始进入转弯时较容易造成转向过度现象。

（4）中置后驱（MR） 中置后驱是指将发动机放置在驾乘室与后轴之间，采用后轮作为驱动轮，是目前大多数运动型轿车和方程式赛车采用的布置形式，如图 2-26 所示。

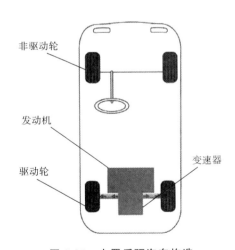

图 2-26 中置后驱汽车构造

优点：
① 可获得最佳的轴荷分配，操纵稳定性和行驶平顺性较好；
② 发动机临近驱动桥，无需传动轴，从而减轻车重，具有较高的传动效率；
③ 重量集中，车身平摆方向的惯性力矩小，转弯时转向盘操作灵敏，运动性好。
缺点：
① 发动机的布置占据了车厢和行李箱的一部分空间，通常车厢内只能安放 2 个座椅。

② 对发动机的隔音和隔热效果较差，乘坐舒适性有所降低。

（5）全轮驱动（4WD）　全轮驱动又称四轮驱动，是指汽车的总布置形式为全部车轮都是驱动轮。通常发动机安装在汽车的前部，通过传动系统带动全部车轮驱动，如图 2-27 所示。越野汽车和 SUV 多采用全轮驱动方式。

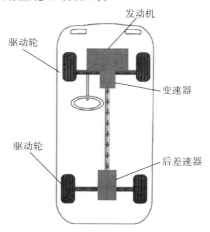

图 2-27　全轮驱动汽车构造

二、汽车线控技术

（一）线控技术简介

线控技术最早起源于飞机，随着线控技术的发展和成熟，这一技术逐渐被使用在汽车上。汽车线控系统（X-By-Wire）是指将驾驶员的操纵意图经传感器转化为电信号，通过 CAN 总线传输到执行机构并实现精准控制的一种系统。汽车线控系统主要包括线控转向系统、线控制动系统、线控油门系统等。

汽车线控技术具有以下优点：

（1）操作轻便、省力，更加人性化。

（2）省去大量机械和管路系统及部件，更易布置，使汽车结构更加合理。

（3）线控技术通过电脑控制，使动作响应时间更短。

（4）线控系统的制造、装配、测试简单快捷。

（5）汽车线控技术的应用便于实现个性化设计。

（6）使用线控制动无需制动液，使汽车更为环保，无需另加维护。

另一方面，汽车线控技术也具有以下缺点：

（1）存在控制系统及其电子设备的可靠性问题。

（2）电能灌溉消耗量过大，目前车辆的电源系统无法提供如此大的能量。

（3）由于线控系统技术难度大，科技含量高，因此研制成本高。

（4）存在抗干扰问题。车辆在运行过程中会有各种各样干扰信号，如电磁干扰、网络攻击，对电子系统及其元件造成干扰，影响系统的可靠运行。

（二）线控转向系统

汽车转向系统已完成了几代技术革新，从早期的机械转向系统，发展到液压助力、电控液压助力及电动助力转向系统，再到线控转向系统（Steering-By-Wire）。

雪铁龙、奔驰、宝马等众多汽车公司都推出了配备线控转向系统的概念车。最早将线控转向技术应用到量产车型的是英菲尼迪 Q50，如图 2-28 所示。目前配备线控转向系统的量产车型还较少，渗透率较低，线控转向系统处于发展早期阶段。不过随着线控转向技术的进一步发展以及智能网联汽车的逐渐普及，线控转向系统的成本将不断降低，配备率将逐步提高。

图 2-28　英菲尼迪 Q50

线控转向系统由转向盘模块、转向执行模块和主控制器（ECU）这三个主要部分及自动防故障系统、电源等辅助模块组成。

（1）转向盘模块主要由转向盘、转向盘转角传感器、扭矩传感器和路感电动机组成。转向盘转角传感器用于监测驾驶员输入给转向盘的转角，同时通过 CAN 总线将转角信息转化为电信号发送给 ECU。与转向盘转角传感器类似，扭矩传感器监测驾驶员输入到转向盘上的扭矩，并通过 CAN 总线发送给 ECU。路感电动机根据 ECU 传回的回正信号，产生回正力矩，给驾驶员提供路感。

（2）转向执行模块由前轮转角传感器、转向电动机、转向器和转向拉杆等部件组成。转向执行模块根据 ECU 传来的命令，完成转向，实现驾驶员的转向意图。

（3）ECU 在接收到转向盘转角、扭矩等传感器传送的信号后，通过计算分析，得到合适的前轮转角发送给转向电动机，实现车辆转向，得到合适的回正力矩发送给路感电动机，给驾驶员提供路感反馈。

（4）自动防故障系统中包含监控程序，在识别到故障后，根据故障形式和等级做出相应的处理，以最大限度保证汽车能够正常安全行驶。自动防故障系统是线控转向系统的安全性得以保障的基础。

（5）电源模块是线控转向系统中转向电动机、路感电动机、ECU 等模块的供电来源。

汽车线控转向系统断开了方向盘和转向轮之间的机械和液压连接，驾驶员转动方向盘时，方向盘转角传感器和扭矩传感器监测到转角、扭矩信号，通过 CAN 总线将数据发送给主控制器，主控制器根据内部的程序，计算出合适的前轮转角并发送给转向执行电动机，实现车辆转向，同时通过发送回正力矩给路感电动机，实现方向盘转向路感反馈。

线控转向系统具有轻便、安全、操纵性好、舒适性高的特点。

（1）轻便：线控转向系统结构简单，有利于汽车的轻量化设计。

（2）安全：和传统转向系统相比，线控转向没有转向柱等机械连接，避免了交通事故中转向柱对驾驶员的伤害。线控转向系统还可以在驾驶员转向角的基础上叠加一个附加转向角，优化车辆对驾驶员输入的响应或在紧急情况下提高车辆的稳定性。

（3）操纵性好：由于机械连接装置的取消，可以实现变转向比（转向盘转角和车轮转角的比值）。在低速时采用较低的转向比，减小泊车或转弯时需要转动的转向盘转角，提高转向灵敏性；在高速行驶时采用较大的转向比，提高转向稳定性。

（4）舒适性高：由于消除了机械连接装置，地面的不平和转向轮的不平衡不会传递到转向轴上，驾驶员的疲劳得以减缓，驾驶员的腿部活动空间和汽车底盘空间可以明显增大。

（三）线控制动系统

传统制动是通过驾驶员踩下制动踏板，利用液压或气压驱动制动器工作，从而完成对汽车的制动。而线控制动（Brake-By-Wire）则由导线取代传统制动的机械连接，由集成有位置传感器的电子制动踏板取代原有的机械制动踏板。当驾驶员踩下制动踏板时，制动踏板上的位置传感器将采集到的制动踏板行程信号传递给线控制动电子控制单元（ECU），ECU 根据制动踏板行程信号并结合其他信号综合分析车辆的行驶工况，计算出每个车轮需要的理想制动强度，再向安装在各车轮上的电动机或其他动力源发出指令，驱动制动器工作，实现对车轮的制动。

自 20 世纪末开始，世界各主要汽车和零部件厂商都对线控技术展开研究并取得了一定的阶段性成果。进入 21 世纪后，线控制动的发展更加迅速，有些已经装备在量产车上，如大陆集团的电子液压制动系统 MKC1 已小批量应用在量产车上，博世公司成功开发出 iBooster 系统，并集成多种主动安全配置，提升车辆安全性。

汽车线控制动系统包括电子液压制动（Electro-hydraulic Brake，EHB）系统和电子机械制动（Electro-mechanical Brake，EMB）系统这两种类型。

电子液压制动（EHB）系统是在传统液压制动系统的基础上，将电子元件与原有的液压系统整合到一起，该系统也可以视为是线控制动技术的前期产物。

图 2-29 所示为 EHB 工作原理，当驾驶员踩下制动踏板时，集成在制动踏板上的传感器将制动踏板的行程及驾驶员踩下控制踏板时的速度，转换为电信号传递给线控制动电子控制单元（ECU），ECU 通过 CAN 总线与外部系统交流，综合其他电信号判断车辆的运行工况，计算出每个车轮的最佳制动力，并输出控制信号到液压系统。液压系统中包含由电动油泵和高压蓄能器组成的液压供给部分和车轮制动压力模块。车轮制动压力模块独立地控制和调节各个车轮制动器中的油压大小，进液阀开启，液压供给部分的高压油液进入车轮制动器，使制动器工作对车轮产生制动力。当减小车轮制动强度或解除制动时，出液阀开启，车轮制动器中的油压降低，制动力也随之减小，直至制动器完全退出工作。

为防止 EHB 系统失效造成制动失灵，EHB 系统仍然保留着传统的液压制动系统，当

EHB 系统失效时，备用开关打开，制动踏板连接的制动主缸通过备用开关连接各个车轮制动器的制动轮缸，进入常规的液压系统制动模式，保证车辆基本制动需求。

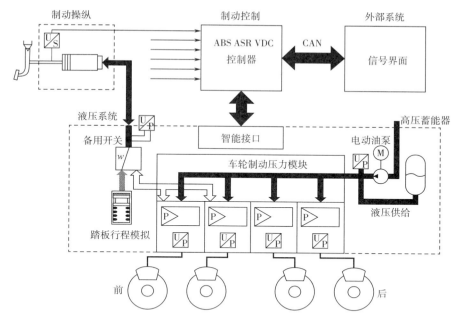

图 2-29 EHB 工作原理

EHB 系统由于取消了制动踏板和制动器之间的液压和机械连接，减少了制动器起作用的时间，缩短了制动距离，提高了制动效能。此外，由于电子液压制动（EHB）系统是在传统液压制动系统的基础上改进而来，因此由传统机械液压制动改装成 EHB 系统也较为容易。

与 EHB 系统不同，电子机械制动（EMB）系统完全去除了传统制动系统的制动液及液压管路等部件，制动执行单元即伺服电动机直接安装在每个车轮的制动钳体上，各车轮安装的电动机可独立工作，由电动机驱动产生制动力。

图 2-30 所示为 EMB 的工作原理，线控制动电子控制单元（ECU）接收电子制动踏板上的传感器传来的踏板行程信号、速度信号等，并结合其他电信号明确汽车行驶状态，分析各个车轮上的制动需求，计算出各个车轮的最佳制动力大小，再通过 CAN 总线将各车轮所需的制动力信号传递到各车轮的制动控制器，此时制动控制器按照目标制动力的大小来操纵电动机输出对应大小的力矩来对车轮实施适当的减速动作。

EMB 系统具有如下优势：

（1）去除了制动主缸等液压部件，使得汽车的装配和维修保养更加容易，而且没有了液压油，更加节能环保。同时，取消液压泵，使汽车前部腾出大量空间，便于发动机、悬架等布置。

（2）取消了制动踏板到制动轮缸之间冗长的制动管路。因此，在制动时减少了传动时间，缩短了汽车制动响应时间和制动距离，提高了汽车的制动性能。

（3）整个系统实现了轻量化，一系列电子元器件代替了原来笨重的机械助力传动装置，提高了整车的燃油经济性，减小了前轴的负荷和前轮的磨损。

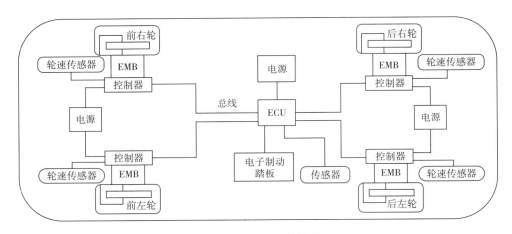

图 2-30 EMB 工作原理

（4）电子机械制动系统中信号和指令是通过导线来传递的，因此可以很方便地并入 CAN 总线中，通过 CAN 总线来连接系统中的各个组成部分，并且经过相关软件算法改进升级之后即可同时完成多种功能，如制动防抱死系统（ABS）、牵引力控制系统（TCS）和电子制动力分配（EBD）系统等，也为汽车的智能化和网联化发展提供基础。

（四）线控油门系统

传统发动机节气门操纵机构是通过拉索或者拉杆，一端连接油门踏板，另一端连接节气门连动板而工作。线控油门系统中取消了传统油门系统中拉索或者拉杆这一机械连接，增加相应的传感器、电控单元，通过电子信号实时精确地控制节气门开度。图 2-31 所示为一电子油门踏板。

图 2-31 电子油门踏板

线控油门技术的研究工作起源于 20 世纪 70 年代，80 年代开始有产品问世，目前，这一技术已经广泛应用于汽车节气门开度控制上。

线控油门主要由电子油门踏板、电控单元（ECU）、电子节气门体总成等组成。

图 2-32 所示为线控油门系统的工作原理，电子油门踏板中的位置传感器将油门踏板高

度位置变化转变为电信号,并送往 ECU,ECU 利用该信号和其他系统传来的数据信息进行运算处理,计算出一个控制信号,继而将控制信号传送给电子节气门体的伺服电动机继电器,伺服电动机驱动节气门执行机构。

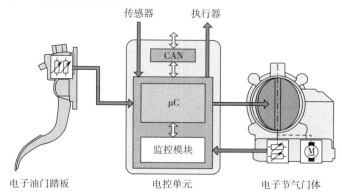

图 2-32　线控油门系统的工作原理

线控油门减少了机械组合零件,因此机械结构的质量得以减轻。此外,其控制精度高,可以根据汽车的工况、发动机的工作状态并结合驾驶员的油门踏板深度,使节气门开度达到更佳的状态,提高发动机的工作效率。不过,与传统的机械油门相比,线控油门的工作原理更复杂,成本也较高。

单元小结

本单元介绍了汽车的总体结构,汽车线控技术的起源和优缺点,线控转向系统、线控制动系统和线控油门系统的应用现状、组成、工作原理和特点。

课后习题

一、填空题

1. 汽车线控系统（X-By-Wire）是指将驾驶员的操纵意图经传感器转化为_____,通过 CAN 总线传输到执行机构并实现精准控制的一种系统。

2. 汽车线控系统主要包括_____、_____、线控油门系统等。

3. 在线控转向系统中,_____根据 ECU 传回的回正信号,产生回正力矩,给驾驶员提供路感。

4. 汽车线控制动系统包括_____ 和_____ 两种类型。

二、选择题

1. 线控转向系统由转向盘模块、转向执行模块和_____ 这三个主要部分及自动防故障系统、电源等辅助模块组成。

　　A. 主控制器（ECU）　　　　　　　　B. 转向拉杆
　　C. 转角位置传感器　　　　　　　　D. 制动踏板位置传感器

2. 线控油门中取消了传统油门系统中_____,通过电子信号实时精确地控制节气门开度。

　　A. 油门踏板位置传感器　　　　　　B. 电动机
　　C. ECU　　　　　　　　　　　　　　D. 拉杆

三、简答题

1. 简述世界汽车工业的发展变革过程。
2. 中国汽车工业的发展分为哪几个阶段？
3. 按照汽车分类新标准 GB/T 3730.1—2001 可将汽车分为几类？各类别中都包括哪些车型？
4. 将下列汽车图片与对应的车辆类型名称连线。

（1）乘用车

（2）商用车

5. 汽车 VIN 码一般分布在车辆的哪些位置？
6. 某辆汽车的 VIN 号码 LSG PC52H7 F F101004，你能判断出来该汽车的生产年份吗？
7. 汽车产品型号编制规则中，企业名称代号 CA、EQ、SH 和 ZZ 分别代表什么含义？
8. 将下列汽车型号与含义连线。

9. 汽车总体由哪几部分组成？各部分的作用分别是什么？
10. 将下列汽车部件图片与名称连线。

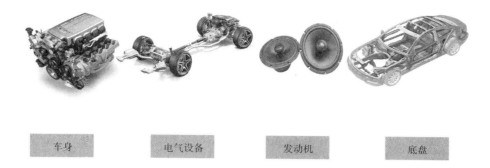

车身　　　　电气设备　　　　发动机　　　　底盘

11. 按发动机和各个总成相对位置的不同，汽车的布置形式可分为哪几种？各有什么优缺点？
12. 下列图片展示的汽车属于哪种布置形式？

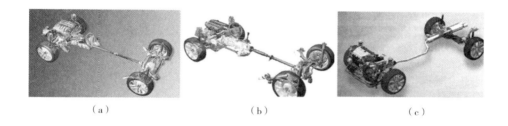

（a）　　　　　　　　（b）　　　　　　　　（c）

13. 简述线控转向系统的工作原理。
14. 简述电子液压制动（EHB）系统和电子机械制动（EMB）系统的区别。
15. 简述线控油门系统的工作原理。

单元二　课后习题-参考答案

单元三
环境感知系统

学习导入

和人类驾驶员一样,自动驾驶系统在做驾驶决策时需要首先明确几个问题:我在哪儿?周边环境如何?接下来会发生什么?知道了这几个问题的答案后,自动驾驶系统才能够做出决策:我该做什么?

学习目标

(1) 了解环境感知系统的含义及组成。
(2) 掌握视觉传感器的工作原理、性能参数和特点。
(3) 掌握超声波雷达的工作原理、性能参数和特点。
(4) 掌握毫米波雷达的工作原理、性能参数和特点。
(5) 掌握激光雷达的工作原理、性能参数和特点。
(6) 理解不同环境感知传感器的性能比较。
(7) 理解多传感器融合技术的含义和必要性。
(8) 通过不同传感器特性的对比分析学习,充分发掘自身的优点,学会扬长避短。

一、环境感知系统简介

环境感知系统相当于人的眼睛和耳朵等感觉器官,它利用视觉传感器、超声波雷达、毫米波雷达、激光雷达等主要车载传感器感知周围环境,为智能网联汽车的决策系统提供依据,是自动系统的首要条件,它的性能将决定智能网联汽车能否适应复杂多变的交通环境。

环境感知的对象包括周边车辆、行人等各种障碍物、道路标识信息、交通标志、交通信号灯等。环境感知的对象有静止的,如静止的障碍物、道路标识信息、交通标志、交通信号灯等;也有移动的,如车辆、行人等移动的障碍物。对于移动的对象,不仅要检测,还要对其轨迹进行追踪,并根据追踪结果,预测该对象下一步的轨迹位置。

智能网联汽车的环境感知系统由信息采集模块、信息处理模块和信息传输模块组成。信息采集模块利用视觉传感器、超声波雷达、毫米波雷达、激光雷达等各种传感器检测得到周边环境的原始数据，如通过视觉传感器采集周边环境图片、超声波雷达采集距离、激光雷达采集周围环境3D点云等。信息处理模块对信息采集单元输送来的原始数据信号进行运算处理，通过一定的算法对车辆和行人等障碍物、道路标识、交通标志、交通信号灯等进行识别，例如，在激光雷达3D点云中通过特征识别实现障碍物检测等。信息传输模块将信息处理模块得到的障碍物、车道线、危险警示等信息，发送到车载网络或无线通信系统中。

二、视觉传感器

（一）视觉传感器简介及工作原理

视觉传感器成本低、技术成熟，在车辆中被广泛使用，从最早出现的倒车后视摄像头，到环视摄像头、车道偏离报警系统中的前视摄像头，它们都属于视觉传感器。

视觉传感器主要由镜头、感光传感器、模数（A/D）转换器、图像处理器、图像存储器等组成。光线通过镜头的折射后，被感光传感器（CCD或CMOS）捕获，生成模拟图像信号，再经过模数转换器转换为数字图像信号，之后由图像处理器生成压缩图像信号，存储在图像存储器中，如图3-1所示。

视觉传感器通过数字化的图像对环境信息编码，典型的图像编码格式有RGB、灰度图等，编码的目的是使信息可以被计算机处理。智能网联汽车中使用的图像处理方法算法主要来源于计算机视觉中的图像处理技术。

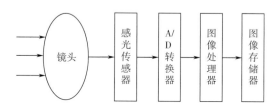

图 3-1　视觉传感器工作原理

（二）视觉传感器主要性能参数

智能网联汽车所用视觉传感器的性能参数主要包括像素、帧率、视场角、动态范围、工作温度等。

（1）像素　像素是图像中的最小单位。在视觉传感器中，每一个感光单元都对应着一个像素。一幅图像中的像素个数称为图像分辨率。用来表示一幅图像的像素数目越多，结果就越接近原始图像，图像越清晰。摄像头的像素越高，对于图像处理器的硬件要求就越高，目前车载摄像头一般选用30万～120万像素。

(2)帧率 帧率是指图像在单位时间内的刷新次数。在140km/h的车速下,车辆每秒会移动40m左右的距离,图像传感器采集图像的帧率会影响到系统感知到环境变化的实时性。为避免获取到两次图像间隔期间车辆驶过的距离过长,至少要求车载摄像头具有不低于30f/s的帧率,以保证在车辆行驶时获得足够的信息。

(3)视场角 视场角是指视觉传感器的视野范围,也用FOV(Field of View)来表示。由于前视摄像头对于视距的要求较远,所以一般采用55°左右的视场角。环视和后视摄像头要求的视场角范围较大,通常采用135°以上的广角摄像头。

(4)动态范围 当强光源照射下的高亮度区域和阴影、逆光等低亮度区域在图像中同时存在时,摄像机输出的图像会出现明亮区域因曝光过度成为白色,而黑暗区域因曝光不足成为黑色。摄像机在同一场景中对最亮区域及较暗区域的表现是存在局限的,图像中所包含的从"最暗"至"最亮"的范围,即摄像头可以捕获的光线水平范围就是动态范围。智能网联汽车所用摄像头需要具有高动态范围的特性,以保证其在较暗环境及明暗差异较大的环境中都能正确识别和感知。

(5)工作温度 相比于工业级和消费级摄像头,车载摄像头对于工作温度的要求更严格,需要在-40~80℃的环境下都能够正常工作。

(6)防磁抗震性能 车辆在启动时会产生较高的电磁脉冲,因此车载摄像头必须具备较强的防磁抗震性能。

(7)使用寿命 车载摄像头的寿命要求较长,至少需要满足8~10年以上。

(三)视觉传感器分类

视觉传感器根据摄像头的数量及其能够提供的环境信息特征,可以分为单目摄像头、双目摄像头和360°环视摄像头。

单目摄像头是利用单个摄像头实现环境感知。如图3-2所示,安装在前挡风玻璃上部的单目摄像头,可以用于车道偏离报警系统中识别前方车道线,也可用于识别前方的车辆、行人等障碍物。

图3-2 前视单目摄像头

利用单目摄像头实现障碍物识别，需要建立并不断维护一个庞大的样本数据库，保证这个数据库包含待识别目标的全部特征数据。单目摄像头通过图像匹配进行目标识别，之后再通过目标在图像中的大小去估算目标距离。如果样本数据库中缺乏待识别目标的特征数据，就无法识别出目标，造成漏报。基于单目摄像头的障碍物识别成本低廉，且能够识别具体障碍物的种类，但是由于其识别原理导致它识别能力受限于样本数据库，其没有自学习功能。

如图 3-3 所示，双目摄像头包含两个具有一定位置关系的摄像头，依靠两个平行布置的摄像头产生的视差，找到同一个物体所有的点，依赖精确的三角测距，就能够算出摄像头与前方障碍物的距离。视差就是从两个点上观察同一个目标所产生的差异。人类之所以能够产生有空间感的立体视觉效果，就是因为两只眼睛视差的存在。双目摄像头利用仿生学原理，通过标定后的双摄像头同步得到曝光图像，再通过计算获得到二维图像中每个像素点对应的深度信息。与单目摄像头相比较，双目摄像头无须先识别再测量，无须维护样本数据库，利用视差直接计算得到距离的精度更高。但双目摄像头的测距精度依赖于两个摄像头的相对位置关系，其安装精度和设备结构刚性要求高。此外，双目摄像头实现距离测算所需的计算量很大，对硬件的要求高。

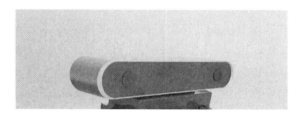

图 3-3　双目摄像头

如图 3-4 所示，360°环视摄像头通常包含四个鱼眼摄像头，分别安装在车辆前方、左右侧面、后方。首先将四个鱼眼摄像头采集到的原始图像进行矫正畸变和逆透视变换，相邻摄像头采集到的图像中会有重合区域，通过对齐重合区域，可以将四幅图像进行拼接剪裁，最终得到车身 360°环视图像。

图 3-4　360°环视摄像头安装位置

（四）视觉传感器特点及应用现状

视觉传感器可以采集到最近接人眼获取的周边环境信息，具有以下优点：
（1）成本低，技术成熟。
（2）采集到图像的信息量丰富。它不仅包含有视野内物体的距离信息，而且还包含了该物体的颜色、纹理和形状等信息，可实现对交通标志的识别、对车道线的识别、对停车线的识别等。这是视觉传感器和雷达传感器相比的一大优势。

但视觉传感器也存在其固有的缺点：
（1）受到光线、天气条件影响较大，在恶劣的天气和类似隧道的昏暗环境中，其性能大大降低。
（2）利用视觉传感器实现物体识别通常需要基于机器学习资料库，需要的训练样本量较大，训练周期也较长，且难以识别出非标准障碍物。

目前，视觉传感器在智能网联汽车中被广泛使用于车道偏离预警、交通标志识别、行人碰撞预警、驾驶员疲劳监测等系统。在车道偏离预警系统中，通过前视摄像头，检测前方车道线，当车辆即将偏离车道线时，系统发出警告提示驾驶员。在交通标志识别系统中，利用前视摄像头识别前方的交通标志，并给予驾驶员适当提示。在行人碰撞预警系统中，利用前视摄像头标记识别前方道路行人，在可能发生碰撞时发出警报。在驾驶员疲劳监测系统中，当车速超过一定阈值时系统被激活，通过图像分析对驾驶员的面部和眼睛特征进行疲劳评估，如果系统监测到驾驶员正在疲劳驾驶，会提示驾驶员适当休息。

三、超声波雷达

（一）超声波雷达简介及工作原理

发声体产生的振动在空气或其他物质中的传播叫作声波。人能够听见的声波的频率为 20~20000Hz，我们把频率小于 20Hz 的声波称为次声波，频率大于 20000Hz 的声波称为超声波。超声波碰到杂质或分界面会产生显著反射并形成反射回波，碰到活动物体能产生多普勒效应，超声波的方向性好，反射能力强，可用于测距、测速、清洗、焊接、碎石、杀菌消毒等。超声波雷达是汽车上常用的一种传感器，可以探知车辆周围的障碍物情况，在泊车、倒车和启动车辆时，帮助驾驶员消除盲点和视线模糊障碍，有助于提高行车安全性，如图 3-5 和图 3-6 所示。

超声波传感器是将超声波信号转换成其他能量信号（通常是电信号）的传感器。超声波雷达的工作原理是利用传感器中的超声波发生器产生 40kHz 的超声波，然后接收探头接收障碍物反射的超声波，根据时间差计算出与障碍物的距离，如图 3-7 所示。超声波雷达的超声波发生器和接收探头安装在同一面上，在有效的检测距离内，发生器发射特定频率的超声波，遇到检测面反射回部分超声波，接收探头接收返回的超声波，由芯片记录声波的往返时

间 t，超声波在空气中的传播速度为 340m/s，所以发射点与障碍物表面之间的距离 L 可以根据时间 t 进行计算，计算公式如下：

$$L = (t \times 340)/2$$

 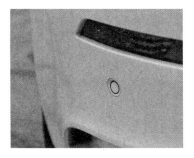

图 3-5　超声波传感器

图 3-6　超声波雷达用于倒车辅助

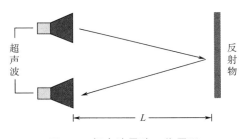

图 3-7　超声波雷达工作原理

（二）超声波雷达主要性能参数

1. 测距范围

超声波传感器的测量范围取决于其使用的波长和频率，波长越长，频率越小，能探测到

单元三　环境感知系统　041

的距离越长。安装在车身前方和后方，用于测量车辆前后障碍物的短距超声波雷达的测距范围一般为 0.15～2.5m。安装在车身左右两侧用于测量侧方障碍物的长距超声波雷达的测距范围一般为 0.30～5m，目前也出现了测距范围超过 7m 的侧方超声波雷达开始投入应用。

2. 测量精度

测量精度反映了超声波雷达测量出的距离与真实距离之间的偏差大小，测量精度越高，超声波雷达返回的距离值就越精确可靠。超声波传感器测量精度不仅与超声波雷达自身的工艺、结构有关，还会受到天气情况、被测物体体积、表面形状、表面材料等影响。被测物体体积过小、表面形状凹凸不平、物体材料吸收声波等情况都会降低超声波雷达的测量精度。

3. 波束角

超声波雷达产生的声波以一定角度向外发出，声波沿传感器中轴线方向上的超声射线能量最大，能量向其他方向逐渐减弱。以传感器中轴线的延长线为轴线，到一侧能量强度减小一半处的角度称为波束角。具有 6°较窄的波束角的超声波雷达，适合精确测量相对较小的物体；而波束角为 12°～15°的超声波雷达能够检测具有较大倾角的物体。在实际使用过程中，需要根据使用条件和功能需求选择合适大小的波束角。

4. 工作频率

工作频率直接影响超声波的扩散和吸收损失、障碍物反射损失、背景噪声，并直接决定传感器的尺寸。通常选择在 40kHz 左右，这样超声波雷达的方向性尖锐，避开了噪声，提高了信噪比，虽然传播损失相对低频有所增加，但尚未给发射和接收带来困难。

5. 抗干扰性能

超声波是一种机械波，使用环境中的噪声会干扰超声波雷达接收物体反射回来的超声波，所以超声波雷达需要具备一定的抗干扰能力。

（三）超声波雷达的分类

汽车上使用的超声波雷达主要分为 UPA 和 APA 两大类。UPA 一般安装在车身的前部与后部，测量车辆与前后方障碍物之间的距离。APA 一般安装在车身侧面，获得车位的宽度和深度，以及车辆的相对位置等信息。如图 3-8 所示，APA 与 UPA 的测距范围不同，

图 3-8　UPA 和 APA 超声波雷达

APA 是一种远程超声波雷达，测距范围通常为 0.30～5m，可覆盖一个停车位；UPA 是一种短程超声波雷达，测距范围通常为 0.15～2.5m。APA 与 UPA 的波束角和工作频率也有差异，APA 的波束角通常比 UPA 小，APA 方向性强，探头波的传播性能优于 UPA，不易受到其他 APA 和 UPA 的干扰。

（四）超声波雷达特点及应用现状

超声波雷达具有以下诸多优点：

（1）成本低，结构简单，体积较小，易于小型化和集成化。

（2）和视觉传感器相比，对障碍物的色彩不敏感，也不受光线条件的影响。可用于识别透明、半透明的物体，在夜晚等光照条件较弱的环境中也可正常使用。

（3）防水、防尘性能好。

由于超声波雷达采用的是机械波，所以它也有其局限性。

（1）对温度敏感。超声波雷达的波速受温度影响而变化，因此其测量精度与温度相关。

（2）当汽车高速行驶时，超声波测距可能无法跟上车距的变化，测得的距离误差较大。

（3）超声波散射角大，方向性较差，在测量较远距离的目标时，其回波信号会比较弱，也会影响测量精度。

在短距离低速测距中，超声波雷达有着很大的优势。目前，超声波雷达被广泛应用于倒车辅助系统和自动泊车系统中。

超声波雷达的基础应用是倒车辅助系统，通常需要在车身后侧安装 4 个 UPA 雷达，用以在倒车过程中探测周边障碍物距离，控制器接收到超声波雷达返回的障碍物距离信息后，根据距离的大小，通过算法判断是否给以驾驶员声音警示或显示器上的图形文字警示，从而帮助驾驶员扫除视野死角，更加轻松地完成倒车操作，提高驾驶安全性。

自动泊车系统通常需要在车身前后两侧各安装 4 个 UPA 雷达，在车身左右两侧各安装 2 个 APA 雷达。泊车位的检测依靠车身左右两侧的 APA 雷达来完成，UPA 雷达主要用于检测车辆与周边障碍物距离，以保证自动泊车过程中的行驶安全。

四、毫米波雷达

（一）毫米波雷达简介及工作原理

毫米波是一种波长在 1～10mm 的电磁波，介于厘米波与光波之间，对应的频率范围为 30～300GHz。毫米波雷达工作在毫米波频段，通过发射无线电信号并接收反射信号来测量车辆与物体之间的距离、相对速度和方位角。图 3-9 所示为毫米波雷达实物。

毫米波雷达通过发射和接收无线电波（毫米波）的时间差来测算目标物的相对距离。距离计算公式为：$s=ct/2$，其中 s 为雷达与目标物的相对距离，t 为从雷达发射出电磁波到接收到回波之间的时间差，c 为光速。

图 3-9 毫米波雷达

毫米波雷达基于多普勒效应实现雷达与目标物的相对速度。多普勒效应是指：当声音、光和无线电波等振动源与观测者之间有相对运动时，观测者所收到的振动频率与振动源所发出的频率有不同，如图 3-10 所示。当发射的电磁波和被探测目标存在相对运动时，回波的频率会和发射波的频率不同。当目标向雷达天线靠近时，反射信号频率将高于发射信号频率；反之，当目标远离天线而去时，反射信号频率将低于发射信号频率。由多普勒效应所形成的频率变化叫作多普勒频移，它与相对速度 v 成正比，与振动的频率成反比。通过检测这个频率差，可以测得目标物相对于雷达的移动速度，也就是目标物与雷达的相对速度。

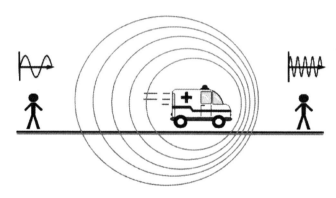

图 3-10 毫米波雷达工作原理

毫米波雷达通过并列天线的相位差测量目标物相对于毫米波雷达的方位角。毫米波雷达的发射天线发射出毫米波，遇到目标物后被反射回来，通过毫米波雷达并列的接收天线，通过收到同一监测目标反射回来的毫米波的相位差，就可以计算出被监测目标的方位角。

（二）毫米波雷达主要性能参数

毫米波雷达的性能参数主要包括工作范围、检测精度、多目标区分能力这几个方面，具体来讲，包括以下几点。

1. 工作范围

（1）最大工作距离：毫米波雷达能够检测到目标物的最大距离范围。

（2）最大测量速度：毫米波雷达能够检测到的最大相对速度。

(3) 最大视角：毫米波雷达能够检测到目标物的最大视角范围。

2. 检测精度

(1) 测距精度：毫米波雷达测量目标物的距离能达到的测量精度。
(2) 测速精度：毫米波雷达测量目标物的相对速度能达到的测量精度。
(3) 方位精度：毫米波雷达测量目标物的方位角能达到的测量精度。

3. 多目标区分能力

(1) 距离分辨率：毫米波雷达通过距离差异，能够区分出不同目标物的最小距离差，反映毫米波雷达在距离维度分辨出两个目标物的能力。
(2) 速度分辨率：毫米波雷达区分出同一位置的不同目标物的最小速度差，反映毫米波雷达在速度维度分辨出两个目标物的能力。
(3) 角度分辨率：毫米波雷达区分出相同距离和速度的不同目标物的最小角度差，反映毫米波雷达在角度维度分辨出两个目标物的能力。在实际情况中，由于距离、速度分辨率较高，目标一般可以在距离和速度维度区分开。

（三）毫米波雷达分类

根据毫米波雷达探测距离和频段的不同，可以对毫米波雷达进行分类。

(1) 根据探测距离的不同，毫米波雷达可分为短程（Short Range Radar，SRR）、中程（Middle Range Radar，MRR）和远程（Long Range Radar，LRR）毫米波雷达。短程毫米波雷达探测距离通常小于60m；中程毫米波雷达探测距离一般为100m左右；远程毫米波雷达探测距离一般大于200m。

(2) 根据采用的毫米波频段不同，毫米波雷达可以分为24GHz、60GHz、77GHz和79GHz毫米波雷达，其中主流可用频段为24GHz和77GHz。24GHz雷达的最大探测距离比77GHz雷达的最大探测距离短，但其探测角度比77GHz探测角度大，所以24GHz雷达通常用于中程、短程探测，如盲点检测系统等，而77GHz雷达通常用于远程探测，如自适应巡航（ACC）系统等。77GHz毫米波雷达的检测精度通常高于24GHz毫米波雷达，体积也比24GHz雷达小，不过77GHz雷达所需生产制造工艺也比24GHz高。

（四）毫米波雷达特点及应用现状

毫米波雷达不受天气的影响，具有全天候、全天时的工作特性，即使是在最恶劣的天气和光照条件下也能正常工作，穿透烟雾的能力很强。与超声波雷达相比，毫米波雷达探测距离更远（可达200m以上），探测精度也更高。和其他雷达类传感器相同，毫米波雷达测距不受光照条件、物体颜色的影响。

毫米波雷达被广泛应用于自适应巡航控制、前向碰撞预警、自动紧急制动、盲区监测等系统。根据系统需要的探测范围，毫米波雷达可能被安装在车辆的前部、车身侧面或车辆后部等不同的位置，根据系统需要达到的探测距离大小，可以选择不同的短程、中程或远程毫米波雷达。

在自适应巡航控制、前向碰撞预警和自动紧急制动系统中，通过安装在车头的毫米波雷达（图3-11），系统可以检测出车辆前方障碍物的距离、方位和相对速度，输入给后续决策模块，为车辆加减速控制提供依据。

图3-11 安装在车头的毫米波雷达

如图3-12所示，在盲点监测系统中，通过安装在车辆侧面的毫米波雷达，实时监测后视镜盲区范围内是否有车辆靠近，当盲区里有车辆靠近时，监测系统就会通过声音、灯光等方式提醒驾驶员，提高了行驶安全性。

图3-12 盲点监测系统

五、激光雷达

（一）激光雷达简介及工作原理

激光雷达是一种光学雷达（Light Detection and Ranging，LIDAR），它工作在光波频段，通过向目标发射激光，然后根据接收到反射激光的时间间隔计算出目标物体的距离。

激光雷达的工作原理主要包括TOF（飞行时间法）、三角法、相位法、调频连续波方法这几种。

TOF是Time off Light的简写，直译为飞行时间。激光雷达飞行时间法测距，是指激光器给目标连续发送光脉冲，由计时器记录下出射的时间，回返光经接收器接收，由计时器记录下回返的时间。通过激光光脉冲的飞行（往返）时间，乘以光速得到目标物距离，如图 3-13 所示。

图 3-13　TOF 原理

三角法测距的原理如图 3-14 所示，激光器发射的激光照射到物体后，反射光由线性电荷耦合器件（Charge Coupled Device，CCD）接收，由于激光器和探测器间隔了一段距离，依照光学路径，不同距离的物体将会成像在 CCD 上不同的位置。按照三角公式进行计算，推导出被测物体的距离。

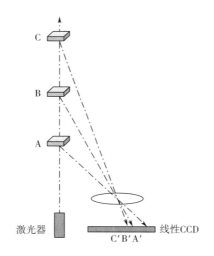

图 3-14　三角法原理

相位法是利用激光雷达发射的光波和返回光波之间所形成的相位差来测量距离的。首先，利用调制信号对发射光波的光强进行调制，激光器发出调制后的一个正弦波的光束，通过接收系统接收经过障碍物反射回来的激光，通过发射和返回的正弦波光束之间的相位差来计算出待测距离，如图 3-15 所示。

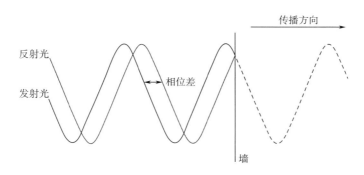

图 3-15　相位法原理

图 3-16 所示为一典型的调频连续波激光雷达工作原理，首先采用线性调频信号调制激光，线性调频光信号经由光学分束器进行分束，其中一路作为参考光信号，另一路作为探测信号由光学系统照射到目标表面，通过比较反射光信号和参考光信号的瞬时频率差获得目标距离信息。此外，还可利用多普勒效应得到目标物体的速度。

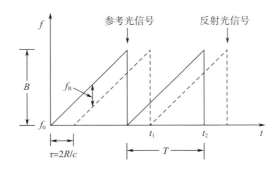

图 3-16 调频连续波激光雷达工作原理

（二）激光雷达主要性能参数

激光雷达主要指标有测距精度、最大探测距离、视场角、角度分辨率、测量帧频等。

(1) 测距精度　测距精度是指同一目标进行重复测量得到的距离值之间的误差范围，反映了激光雷达测量得到的目标物距离的精确度。

(2) 最大探测距离　最大探测距离是指激光雷达能够测量到的最远距离，通常需要基于某一个反射率下进行标注，如白色物体约 70% 反射率，黑色物体 7%～20% 反射率。

(3) 视场角　视场角包括垂直视场角和水平视场角两个方面，反映激光雷达的成像范围。

(4) 角度分辨率　角度分辨率是指激光雷达所采集数据的角度分辨率，它等于视场角除以该方向所采集的点云数目。

(5) 测量帧频　测量帧频与激光雷达生成的点云图的刷新频率，刷新频率越高，其响应速度越快。

（三）激光雷达分类

根据有无机械旋转部件，可将激光雷达分为机械激光雷达和固态激光雷达。

(1) 机械激光雷达　机械激光雷达带有控制激光发射角度的旋转部件，依靠旋转部件来控制激光发射的角度，一般置于汽车顶部（图 3-17），可对道路、桥梁、护栏、立交桥、隧道等基础设施、车辆、自行车、行人等障碍物进行三维逐点扫描，形成三维激光雷达扫描点云地图，反映出周边环境物体的轮廓和位置信息，具有 360° 视场角，可以 360° 感知周围环境。机械激光雷达的测量精度相对较高，但其体积较大，安装较为复杂，价格昂贵。

(2) 固态激光雷达　固态激光雷达内部没有机械旋转部件，依靠电子部件来控制激光发射角度，其尺寸比机械激光雷达小，可以安装在车体内，如图 3-18 所示。具有数据采集速度快、分辨率高、对温度和振动适应性强等优点。

(a) 机械激光雷达　　　　　　　　　　　(b) 位置

图 3-17　机械激光雷达及其位置

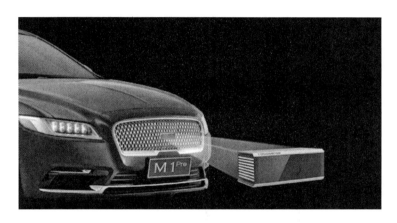

图 3-18　固态激光雷达

根据激光雷达发出的激光线束数量，可以将激光雷达分为单线束激光雷达与多线束激光雷达。

(1) 单线束激光雷达　单线束激光雷达扫描一次只能产生一条扫描线，得到的数据是二维数据，无法区分目标物体的三维信息。单光束激光雷达具有测量速度快、数据处理量少的特点，其在安全防护、地形测绘等领域得到了广泛的应用。

(2) 多线束激光雷达　多线束激光雷达扫描一次可以产生多条扫描线，目前市场上的多线束激光雷达产品主要包括 4 线束、8 线束、16 线束、32 线束、64 线束等类型，细分可分为 2.5D 激光雷达和 3D 激光雷达，它们最大的区别在于激光雷达垂直视野的范围，2.5D 激光雷达垂直视野范围一般不超过 10°，3D 激光雷达可达到 30°甚至 40°以上，因此它们在汽车上的安装位置要求有所不同。激光雷达的线束越高，其采集到的点云数据越多，信息越丰富。图 3-19 中上方图片为 Velodyne 128 线激光雷达采集到的点云数据，下方图片为 Velodyne 64 线激光雷达采集到的点云数据，通过对比可以看出，128 线激光雷达生成的点云数据明显比 64 线激光雷达多，对周围物体轮廓的反映更清晰。

（a）128线

（b）64线

图 3-19　128 线与 64 线激光雷达点云比较

（四）激光雷达的特点及应用现状

激光雷达具有测量精度高、不受外界光照条件影响、抗干扰能力强的优点。

（1）测量精度高。激光雷达使用的波长集中在 600～1000nm，低于超声波和毫米波雷达的波长，雷达具有波长越短测量精度越高的特点，激光雷达的测量精度比超声波雷达和毫米波雷达都高。

（2）不受外界光照条件影响。与超声波雷达和毫米波雷达相同，激光雷达的工作不受外界光照条件的影响。

（3）抗干扰能力强。激光波长短、光束窄、发散角非常小，直线传播和方向性好，与微波雷达易受自然界广泛存在的电磁波影响的情况不同，自然界中能对激光雷达起干扰作用的信号源不多。微波雷达由于存在各种地物回波的影响，低空存在一定区域的盲区（无法探测的区域），激光雷达可以"零高度"工作，低空探测性能好。

激光雷达也具有如下缺点：

（1）成本较高。目前激光雷达造价较为昂贵，一定程度上限制了激光雷达的大规模产业化使用。

（2）激光雷达采集到的数据量大，对处理器硬件的要求高。

（3）激光雷达工作时会受天气和大气的影响。空气中的水珠和其他悬浮物都会对激光雷达的探测距离和精度造成影响。激光一般在晴朗的天气里衰减较小，传播距离较远，而在大雨、浓烟、浓雾等坏天气里，衰减急剧加大，传播距离大受影响。此外，大气环流还会使激光光束发生畸变、抖动，直接影响激光雷达的测量精度。

激光雷达在智能网联汽车领域的主要应用包括障碍物检测、加强定位、智能交通信号控制系统中的车流量信息监测。

在智能网联汽车中，可以利用激光雷达实现障碍物检测，和利用摄像头（机器视觉）实现障碍物检测的方法相比，激光雷达在深度（距离）信息的检测准确性上更为出色。利用机器视觉实现障碍物检测有一个较难解决的问题是判断物体的距离，基于单一摄像头抓取的二维图像无法得到准确的位置信息，而基于双目摄像头又需要实时处理大量的数据量，难以满足实时性的要求。此外，摄像头受到光照条件的影响，在隧道或者夜晚的检测性能很差。

激光雷达加强定位是指利用激光雷达和高精度地图对全球卫星导航系统（Global Navigation Satellite System，GNSS）和惯性测量单元（Inertial Measurement Unit，IMU）得到的位置信息进行进一步校正加强。智能网联汽车在接收 GNSS 和 IMU 返回的自身车辆位置信息基础上，再利用激光雷达生成的周围环境点云信息和高精度地图做比较，可以进一步校正 GNSS 和 IMU 的位置信息，对车辆进行更加精确的定位。

在交通路口的信号控制系统中，将三维激光扫描仪安装在地面，对道路进行持续扫描，可以获得道路上的实时动态、高精度的车流量数据，利用这些车流量数据可以获取道路车辆到达信息，弥补视频检测和监控的不足。智能交通信号控制系统在获取实时的交通模型和车流量信息，并检测车辆排队长度后，可以预测未来的短期交通流趋势，从而实时调整周期、绿灯信比和相位差以适应交通流，减少拥堵，降低延误，提高道路通行能力，实现交通信号控制的智能化。

六、传感器性能比较及多传感器融合技术

智能网联汽车利用多种传感器进行环境感知，所用到的传感器主要包括视觉传感器、超声波雷达、毫米波雷达和激光雷达。各种传感器在成本、远距离探测能力、光照条件适应性等方面的性能比较如表 3-1 所示。

表 3-1　不同传感器性能比较

性能比较	视觉传感器	超声波雷达	毫米波雷达	激光雷达
低成本	优	优	中	较差
远距离探测能力	中	较差	优	优
光照条件适应性	较差	优	优	优
雨雪等不良天气适应性	较差	中	优	较差
温度稳定性	较差	优	优	优
道路标识识别能力	优	无	无	无

通过表 3-1 比较可知，各种传感器性能各异，各有优劣。超声波雷达结构简单、体积

小、成本低,但测量精度受测量物体表面形状、材质的影响大,其主要应用于短距离探测物体。毫米波雷达受光照和天气因素影响较小,具有较强的穿透雾、烟、灰尘的能力,测距精度高,但难以识别车道线、交通标志等元素,由于行人的反射波较弱,也难以探测。激光雷达能够获取物体的三维信息,测量精度高,对光照环境变化不敏感,抗干扰能力强,但是其成本较高,检测能力受到雨雪等恶劣天气的影响较大。视觉传感器成本低,在车道线识别和行人识别的准确度等方面有优势,是实现车道偏离预警、交通标志识别等功能不可缺少的传感器,但其测距精度不如毫米波雷达,并且对光照、天气等条件很敏感,在夜晚或光照条件较弱的环境下检测性能大大下降。

车辆的行驶环境复杂多变,很难使用单一传感器实现智能驾驶在所有工况下的环境感知,因此采用多传感器融合技术来实现环境感知是必要的。多传感器融合就是将多个传感器采集的数据集中在一起综合分析,以便更加准确和可靠地描述外界环境。多传感器融合的基本原理与人脑对环境信息的综合处理过程类似。人类对外界环境的感知是通过将眼睛、耳朵、鼻子和四肢等多种感官探测的信息传输至人脑,并与先验知识进行综合,以便对其周围的环境和正在发生的事件做出快速准确的评估。人类的感官相当于各种传感器,人类的大脑相当于信息融合中心,人类的先验知识相当于数据库。在选择环境感知传感器时,需要综合考虑传感器多个方面的属性,结合这些属性特点和所需实现的自动驾驶功能需求,从多种传感器中综合考虑加以选取,这些传感器在各自的约束条件下能够发挥各自最优的性能,大大提高目标检测的精度。通过传感器信息融合技术,弥补单个传感器的缺陷,对各种传感器进行多层次、多空间的信息互补和优化组合处理,利用多个传感器相互协同操作的优势,提高整个智能驾驶系统的安全性和可靠性。

单元小结

本单元首先介绍了智能网联汽车环境感知系统的含义及组成,之后分别介绍了视觉传感器、超声波雷达、毫米波雷达、激光雷达的工作原理、性能参数、分类、特点和应用现状,最后对各传感器的性能特点进行了比较,并介绍了多传感器融合技术的含义、必要性和优势。

课后习题

一、填空题

1. _____是图像中的最小单位。_____是指图像在单位时间内的刷新次数。_____是指视觉传感器的视野范围。

2. 智能网联汽车所用摄像头需要具有_____的特性,以保证其在较暗环境及明暗差异较大的环境中都能正确识别和感知。

3. 超声波雷达的工作原理是利用传感器中的超声波发生器产生40kHz的超声波,然后接收探头接收障碍物反射的超声波,根据_____计算出与障碍物的距离。

4. 毫米波是一种波长在1~10mm的_____波,其介于厘米波与光波之间,对应的频率范围为30~300GHz。

5. 激光雷达的工作原理主要包括_____、_____、_____这几种。

6. 根据有无机械旋转部件,可将激光雷达分为_____和_____。

7. 根据激光雷达发出的激光线束数量的多少,可以将激光雷达分为_____与_____。

8. 车辆的行驶环境复杂多变,很难使用单一传感器实现智能驾驶在所有工况下的环境感知,因此采用_____技术来实现环境感知是必要的。

二、选择题

1. 双目摄像头包含两个具有一定位置关系的摄像头,依靠两个平行布置的摄像头产生的_____,找到同一个物体所有的点,依赖精确的三角测距,就能够算出摄像头与前方障碍物的距离。

　　A. 颜色差异　　　　　　　　　　　　B. 视差
　　C. 亮度差异　　　　　　　　　　　　D. 大小差异

2. _____的检测性能受到光线影响很大。

　　A. 超声波雷达　　　　　　　　　　　B. 毫米波雷达
　　C. 激光雷达　　　　　　　　　　　　D. 摄像头

3. 在短距离低速测距中,_____有着很大的优势。

　　A. 超声波雷达　　　　　　　　　　　B. 毫米波雷达
　　C. 激光雷达　　　　　　　　　　　　D. 摄像头

4. _____不受天气的影响,具有全天候、全天时的工作特性,即使是在最恶劣的天气和光照条件下也能正常工作,穿透烟雾的能力很强。

　　A. 超声波雷达　　　　　　　　　　　B. 毫米波雷达
　　C. 激光雷达　　　　　　　　　　　　D. 摄像头

5. _____发射的波长短、光束窄、发散角非常小,直线传播和方向性好,自然界中能对其起干扰作用的信号源不多。

　　A. 超声波雷达　　　　　　　　　　　B. 毫米波雷达
　　C. 激光雷达　　　　　　　　　　　　D. 摄像头

三、简答题

1. 列举视觉传感器、超声波雷达、毫米波雷达和激光雷达在智能网联汽车中的应用实例。

2. 简述智能网联汽车中使用多传感器融合技术的必要性及其优势。

单元三　课后习题-参考答案

单元四
导航系统与高精度地图

学习导入

自动驾驶汽车在道路中是如何辨别方向和道路情况的呢？如直线行驶的汽车在遇到弯道时，是怎么识别弯道并采取转向措施的呢？那就涉及本单元所要学习的内容：导航系统与高精度地图。

学习目标

(1) 了解并掌握全球定位导航系统的基本原理，探讨全球定位导航系统在自动驾驶汽车上的运用。

(2) 了解并掌握高精度地图的基本原理、采集方式及其应用。

(3) 通过我国北斗卫星导航定位系统的学习，分析定位系统与国家安全的关系，培养"科学没有国界，但科学家有国界"的意识，激发为祖国发展而奋斗的爱国情怀。

一、导航定位系统

智能网联汽车需要通过定位技术准确感知自身在全局环境中的相对位置以及行驶过程中的速度、方向、路径等信息。定位技术主要有卫星定位、车载导航定位、蜂窝无线定位等。其中以卫星为基础的卫星导航定位系统，由于有天体导航覆盖全球的优点，所以从出现至今一直得到人们的重视。相继出现以及计划实施的卫星导航系统有美国的全球定位系统（GPS）、俄罗斯的格洛纳斯（GLONASS）、欧洲空间局的伽利略定位系统、我国的北斗卫星导航系统（BDS）。全球定位系统（GPS）是由美国国防部建设的基于卫星的无线电定位导航系统。它能连续为世界各地的陆海空用户提供精确的位置、速度和时间信息，最大优势是覆盖全球，全天候工作，可以为高动态、高精度平台服务，目前得到普遍应用。

（一）全球定位系统

1. GPS 的组成与原理

GPS 是由导航卫星、地面监控设备和 GPS 用户组成的，如图 4-1 所示。导航卫星是由分布在 6 个地球椭圆轨道平面上的 21 颗工作卫星和 3 颗在轨备用卫星组成，相邻轨道之间的卫星彼此成 30°，每个轨道面上都有 4 颗卫星，在距离地球 17700km 的高空上进行监测，如图 4-2 所示。这些卫星每 12h 环绕地球一圈，在地球上的任何地方、任何时间都可以观测到 4 颗以上的 GPS 卫星，保持定位的精度从而提供连续的全球导航能力。导航卫星的任务是接收和存储来自地面监控设备发送来的导航定位控制指令，微处理器进行数据处理，以原子钟产生基准信号和精确的时间为基准向用户连续发送导航定位信息。卫星信号的编码方式为码分多址（Code Division Multiple Access，CDMA），根据调制码来区分不同卫星。

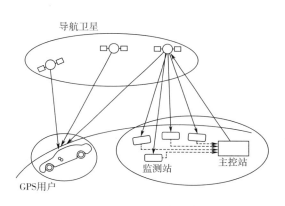

图 4-1 GPS 系统组成

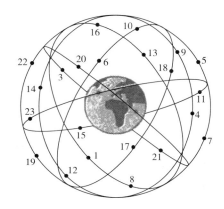

图 4-2 导航卫星

地面监控设备由 1 个主控站、4 个注入站和 6 个监测站组成，它们的任务是实现对导航卫星的控制。监测站跟踪所有可见的 GPS 卫星，并从卫星广播中收集测距信息等，并将收集到的信息发送至主控站。主控站拥有许多以计算机为主体的设备，用于数据收集、计算、传输和诊断等。此外，主控站编制导航定位指令发送到注入站，并调整卫星运行姿态，纠正卫星轨道偏差，进行卫星轨道和时钟校正参数计算，同时还协助、指挥、管理空间卫星和地面监控设备，监控卫星对用户的指令发送。注入站的任务是将主控站送来的导航、定位控制指令通过 S 波段发送至飞过头的卫星。

GPS 用户主要由 GPS 接收机和 GPS 数据处理软件组成。GPS 接收机的主要功能是接收、追踪、放大卫星发射的信号，获取定位的观测值，提取导航电文中的广播星历以及卫星时钟改正参数等。GPS 数据处理软件的主要功能是对 GPS 接收机获取的卫星测量记录数据进行预处理，并对处理的结果进行平差计算、坐标旋转和分析综合处理，计算出用户所在位置的三维坐标、速度、方向和精确时刻等。GPS 可以提供两种类型的服务，即军用服务和民用服务，也称为精密定位服务和标准定位服务。精密定位服务只能由美国授权的军方用户和选定的政府机构用户使用；标准定位服务对于全世界的所有用户均可用，且免收直接费用。

2. GPS 的定位原理

GPS 定位原理是根据三角测量定位来实现的,并且同时利用相关技术获取观测值。卫星钟用来控制卫星发射的伪随机信号,本地时钟用来控制用户接收机的伪随机信号,两者之间有比较大的时差。GPS 用户终端可以同时跟踪 4 颗 GPS 卫星,并捕获其信号,这里,将两时钟之间的时差作为未知量,使其和观测点坐标共同组成一个四元方程组,所得的解就是观测点的经纬度坐标和时差,使用这种方法进行定位可以得到较高的定位精度。这个观测值通常称为伪距观测量。此观测值称为伪距的原因是:第一,它是以地表和卫星之间的距离为变量的函数;第二,由于大气效应和时钟误差的影响,与实际的距离之间存在偏差。

如果已知某点和三个点的距离,就可以确定这个点。这三个点假设是卫星,卫星不断地通过电磁广播发射自己的坐标和卫星当前时间,你的手机是接收机,能接收到这个信号,并且能解码广播信息计算出时间差,也就是能得到你和卫星的距离。假设卫星的坐标分别为 (x_1, y_1, z_1)、(x_2, y_2, z_2)、(x_3, y_3, z_3),电磁信号的速度为 c,手机的坐标为 (x, y, z),时间差分别为 $(\Delta t_1, \Delta t_2, \Delta t_3)$,其中 x、y、z 未知,其余参数已知,有如下方程组:

$$(x_1-x)^2+(y_1-y)^2+(z_1-z)^2=(c\Delta t_1)^2$$
$$(x_2-x)^2+(y_2-y)^2+(z_2-z)^2=(c\Delta t_2)^2$$
$$(x_3-x)^2+(y_3-y)^2+(z_3-z)^2=(c\Delta t_3)^2$$

三个方程,三个未知数,就可以解出 x、y、z。但实际上卫星的时间很精确,因为自带原子钟,还有一套矫正算法,你的手机是一个简单的晶体振荡器,很不精确,因为 c 很大,误差就比较大,假设你的手机的时间是未知的 t,就是加了一个未知数,必须要增加一个方程才行。四个未知数,四个方程,就可以解出 x、y、z、t。所以需要四个卫星,假设卫星的坐标分别为 (x_1, y_1, z_1)、(x_2, y_2, z_2)、(x_3, y_3, z_3)、(x_4, y_4, z_4),电磁信号的速度为 c,手机的坐标为 (x, y, z),四个卫星的时间分别为 t_1、t_2、t_3、t_4,手机的时间为 t,x、y、z、t 未知,其余参数已知,有如下方程组:

$$(x_1-x)^2+(y_1-y)^2+(z_1-z)^2=[c(t_1-t)]^2$$
$$(x_2-x)^2+(y_2-y)^2+(z_2-z)^2=[c(t_2-t)]^2$$
$$(x_3-x)^2+(y_3-y)^2+(z_3-z)^2=[c(t_3-t)]^2$$
$$(x_4-x)^2+(y_4-y)^2+(z_4-z)^2=[c(t_4-t)]^2$$

解出方程得到 x、y、z,即为位置信息。

3. GPS 的特点

① 能够全球全天候定位,因为 GPS 卫星的数目较多,且分布均匀,保证了地球上任何地方任何时间至少可以同时观测到 4 颗 GPS 卫星,确保实现全球全天候连续的导航定位服务。

② 覆盖范围广,能够覆盖全球 98% 的范围,可满足位于全球各地或近地空间的军事用户连续精确地确定三维位置、三维运动状态和时间的需要。

③ 定位精度高,GPS 相对定位精度在 50km 以内可达 10^{-6}m,$100\sim500$km 可达 10^{-7}m,1000km 可达 10^{-9}m。

④ 观测时间短，20km 以内的相对静态定位仅需 15～20min；快速静态相对定位测量时，当每个流动站与基准站相距 15km 以内时，流动站观测时间只需 1～2min；采取实时动态定位模式时，每站观测仅需几秒。

⑤ 可提供全球统一的三维地心坐标，可同时精确测定测站平面位置和大地高程。

⑥ 测站之间无需通视，只要求测站上空开阔，这既可大大减少测量工作所需的经费和时间，也使选点工作更灵活，可省去经典测量中的传算点、过渡点等的测量工作。

（二）差分全球定位系统

为了提高 GPS 定位精度，可以采用差分全球定位系统进行车辆的定位。差分全球导航定位系统（Differential Global Positioning System，DGPS）在 GPS 的基础上利用差分技术使用户能够从 GPS 系统中获得更高的精度。DGPS 系统由基准站、数据传输设备和移动站组成，如图 4-3 所示。

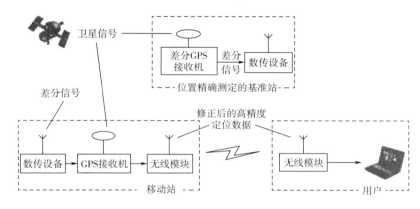

图 4-3　DGPS 系统的组成

DGPS 实际上是把一台 GPS 接收机放在位置已精确测定的点上，组成基准站。基准站接收机通过接收 GPS 卫星信号，将测得的位置与该固定位置的真实位置的差值作为公共误差校正量，通过无线数据传输设备将该校正量传送给移动站的接收机。移动站的接收机用该校正量对本地位置进行校正，最后得到厘米级的定位精度。附近的 DGPS 用户接收到修正后的高精度定位信息，从而大大提高其定位精度。根据 DGPS 基准站发送的信息方式可将 DGPS 定位分为三类，即位置差分、伪距差分和相位差分。这三类差分方式的工作原理是相同的，都是由基准站发送改正数，由移动站接收并对其测量结果进行改正，以获得精确的定位结果。所不同的是，发送改正数的具体内容不一样，其差分定位精度也不同。

1. 位置差分

位置差分要求基准站和移动站观测同一组卫星。安装在基准站上的 GPS 接收机观测 4 颗卫星后便可进行三维定位，解算出基准站的观测坐标，由于存在着轨道误差、时钟误差、大气影响、多径效应以及其他误差等，解算出的观测坐标与基准站的已知坐标是不一样的，存在误差。将已知坐标与观测坐标之差作为位置改正数，通过基准站的数据传输设备发送出去，由移动站接收，并且对其解算的移动站坐标进行改正。最后得到的改正后的移动站坐标已消去了基准站和移动站的共同误差，例如卫星轨道误差、大气影响等，提高了定位精度。位置差分法适用于用户与基准站间距离在100km以内的情况。

2. 伪距差分

伪距差分是目前用途最广的一种技术，几乎所有的商用DGPS接收机均采用这种技术。利用基准站已知坐标和卫星星历可计算出基准站与卫星之间的计算距离，将计算距离与观测距离之差作为改正数，发送给移动站，移动站利用此改正数来改正测量的伪距。最后，用户利用改正后的伪距来解出本身的位置，就可消去公共误差，提高定位精度。与位置差分相似，伪距差分能将两站公共误差抵消，但随着用户到基准站距离的增加又出现了系统误差，这种误差用任何差分法都是不能消除的。用户和基准站之间的距离对精度有决定性影响。

3. 相位差分

相位差分技术是建立在实时处理两个测站的载波相位基础上的，它能实时提供观测点的三维坐标，并达到厘米级的高精度。与伪距差分原理相同，由基准站通过数据传输设备实时将其载波观测量及站坐标信息一同传送给移动站。移动站接收GPS卫星的载波相位与来自基准站的载波相位，并组成相位差分观测值进行实时处理，能实时给出厘米级的定位结果。实现载波相位差分GPS的方法有修正法和差分法。前者与伪距差分相同，基准站将载波相位修正量发送给移动站，以改正其载波相位，然后求解坐标；后者将基准站采集的载波相位发送给移动站，进行求差解算坐标。前者为准载波相位差分技术，后者为真正的载波相位差分技术。

（三）北斗导航定位系统

中华人民共和国成立后，我国的航天科技事业在自力更生、艰苦创业的征途上，逐步建立和发展，跻身世界先进水平的行列，成为世界空间强国之一。从1970年4月把第一颗人造卫星送入轨道以来，我国已成功发射了多颗不同类型的人造卫星，为空间大地测量工作的开展创造了有利条件。

20世纪70年代后期，有关单位在从事多年理论研究的同时，引进并试制成功了各种人造卫星观测仪器。其中有人卫摄影仪、卫星激光测距仪和多普勒接收机。根据多年的观测实践，完成了全国天文大地网的整体平差，建立了1980年国家大地坐标系，进行了南海群岛的联测。20世纪80年代初，我国一些院校和科研单位已开始研究GPS技术。十多年来，我国的测绘工作者在GPS定位基础理论研究和应用开发方面作了大量工作。

20世纪80年代中期，我国引进GPS接收机，并应用于各个领域。同时着手研究建立我国自己的卫星导航系统。至今十多年来，据有关人士估计，目前我国的GPS接收机拥有量约为4万台，其中测量类500～700台，航空类几百台，航海类约3万台，车载类数千台，而且以每年2万台的速度增加，这足以说明GPS技术在我国各行业中应用的广泛性。在大地测量方面，利用GPS技术开展国际联测，建立全球性大地控制网，提供高精度的地心坐标，测定和精化大地水准面。组织各部门（10多个单位，30多台GPS双频接收机）参加1992年全国GPS定位大会战。经过数据处理，GPS网点地心坐标精度优于0.2m。在我国建成了平均边长约100km的GPS A级网，提供了亚米级精度地心坐标基准。

此后，在A级网的基础上，我国又布设了边长为30～100km的B级网，全国约2500

个点。A、B级GPS网点都联测了几何水准。这样，就为我国的测绘工作，建立各级测量控制网，提供了高精度的平面和高程三维基准。我国已完成西沙、南沙群岛各岛屿与大陆的GPS联测，使海岛与全国大地网联成一整体。

在工程测量方面，应用GPS静态相对定位技术，布设精密工程控制网，用于城市和矿区油田地面沉降监测、大坝变形监测、高层建筑变形监测、隧道贯通测量等精密工程。加密测图控制点，应用GPS实时动态定位技术（Real Time Kinematic，RTK）测绘各种比例尺地形图和用于施工放样。

在航空摄影测量方面，我国测绘工作者也应用GPS技术进行航测外业控制测量、航摄飞行导航、机载GPS航测等航测成图。

在地球动力学方面，GPS技术用于全球板块运动监测和区域板块运动监测。我国已开始用GPS技术监测南极洲板块运动、青藏高原地壳运动、四川鲜水河地壳断裂运动，建立了中国地壳形变观测网、三峡库区形变观测网、首都圈GPS形变监测网等。GPS技术已经用于海洋测量、水下地形测绘。

我国的《全球定位系统（GPS）测量规范》已于1992年10月1日起实施。在静态定位和动态定位应用技术及定位误差方面做了深入的研究，研制开发了GPS静态定位和高动态高精度定位软件及精密定轨软件。在理论研究与应用开发的同时，也培养和造就了一大批技术人才和产业队伍。

近几年，我国已建成了北京、武汉、上海、西安、拉萨、乌鲁木齐等永久性的GPS跟踪站，进行对GPS卫星的精密定轨，为高精度的GPS定位测量提供观测数据和精密星历服务，致力于我国自主的广域差分GPS（WADGPS）方案的建立，参与全球导航卫星系统（GNSS）和GPS广域增强系统（WAAS）的筹建。同时，我国已着手建立自己的卫星导航系统（双星定位系统），能够生产导航型和测地型GPS接收机。GPS技术的应用正向更深层次发展。

北斗卫星导航定位系统是中国自行研制开发的区域性有源三维卫星定位与通信系统，是继美国的GPS、俄罗斯的GLONASS之后第三个成熟的卫星导航定位系统。北斗卫星导航定位系统致力于向全球用户提供高质量的定位、导航和授时服务，其建设与发展则遵循开放性、自主性、兼容性、渐进性这四项原则。

1. 北斗卫星导航定位系统的组成

北斗卫星导航定位系统由空间段、地面段和用户段三部分组成，如图4-4所示。

空间段包括5颗静止轨道卫星和30颗非静止轨道卫星；地面段包括主控站、注入站和监测站等若干个地面站；用户段由北斗用户终端以及与美国GPS、俄罗斯的GLONASS、欧洲的GALILEO等其他卫星导航系统兼容的终端组成。

2. 北斗卫星导航定位系统的功能

北斗卫星导航定位系统具有以下功能：

（1）短报文通信：北斗系统用户终端具有双向报文通信功能，用户可以一次传送40～60个汉字的短报文信息。

（2）精密授时：北斗系统具有精密授时功能，可向用户提供20～100ns时间同步精度。

（3）定位精度：水平精度100m，设立标校站之后为20m（类似差分状态）。

（4）最大用户数：每小时540000户。

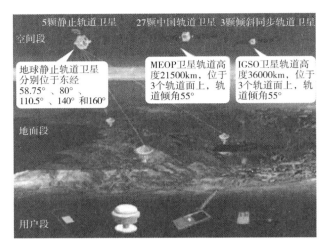

图 4-4 北斗卫星导航定位系统的组成

北斗卫星导航定位系统可在全球范围内全天候、全天时为各类用户提供高精度、高可靠定位、导航、授时服务，并具有短报文通信能力，已经初步具备区域导航、定位和授时能力。

（四）惯性导航定位系统

惯性是所有质量体本身的基本属性，建立在牛顿定律基础上的惯性导航系统不与外界发生任何光电联系，仅靠系统本身就能对汽车进行连续的三维定位和三维定向。惯性导航定位系统这种能自主地、隐蔽地获取汽车完备运动信息的优势是诸如 GNSS 等其他定位系统无法比拟的，所以惯性导航系统一直是自动驾驶中获取汽车位置数据的重要手段。惯性导航定位是一门跨多学科的技术，涉及近代数学、物理学、力学、材料学、光学和计算机等诸多领域。

惯性导航系统是一种不依赖于外部信息，也不向外部辐射能量的自主式导航系统。其主要由惯性测量单元、信号预处理和机械力学编排 3 个模块组成，如图 4-5 所示。

图 4-5 惯性导航系统的主要模块

一个惯性测量单元包括 3 个相互正交的单轴加速度计和 3 个相互正交的单轴陀螺仪。惯性测量单元结构如图 4-6 所示。信号预处理部分对惯性测量单元输出信号进行信号调理、误差补偿并检查输出量范围等，以确保惯性测量单元正常工作。

平台式惯性导航系统是将陀螺仪和加速度计等惯性测量单元通过支架平台与载体固连的

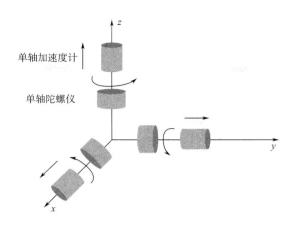

图 4-6 惯性测量单元结构

惯性导航系统。惯性测量单元固定在平台台体上，系统的敏感轴能直接模拟导航坐标系，这就保证了敏感轴的准确指向，并且隔离了载体的角运动，给惯性测量单元提供了较好的工作环境，使得系统的精度较高，但平台台体也直接导致了系统结构复杂、体积大、制造成本高等不足。捷联式惯性导航系统是把惯性测量单元直接固连在载体上，用计算机来完成导航平台功能的惯性导航系统，载体转动时系统的敏感轴也跟随转动，通过计算载体的姿态角就能确定出惯性测量单元敏感轴的指向，然后将惯性测量单元测量得到的载体运动信息变换到导航坐标系上即可进行航迹递推。基于成本控制考虑，当前自动驾驶领域常用捷联式惯性导航系统。

惯性导航系统利用载体先前的位置、惯性测量单元测量的加速度和角速度来确定其当前位置。其中，速度 v 和偏移量 s 都可以通过对加速度 a 的积分得到。如下式所示，加速度 a 经过积分得到速度 v，经过二重积分得到偏移量 s。相反，速度和加速度也可过通过对位移的微分而估算得到。

$$\begin{cases} v = \int a\,\mathrm{d}t \\ s = \int v\,\mathrm{d}t = \iint a\,\mathrm{d}t\,\mathrm{d}t \end{cases}$$

$$v = \frac{\mathrm{d}s}{\mathrm{d}t},\ a = \frac{\mathrm{d}v}{\mathrm{d}t} = \frac{\mathrm{d}^2 s}{\mathrm{d}t^2}$$

类似地，汽车的俯仰、偏航、翻滚等姿态信息都可以通过对角加速度的积分得到。利用姿态信息可以把导航参数从惯性坐标系变换到导航坐标系中。综上，惯性导航系统可以说是一个由惯性测量单元和积分器组成的积分系统。该系统通过陀螺仪测量载体旋转信息求解得到载体的姿态信息，再将加速度计测量得到的载体比力信息转换到导航坐标系进行加速度信息的积分运算，就能推算出汽车的位置和姿态信息。从一个已知的坐标位置开始，根据载体在该点的航向、航速和航行时间，推算下一时刻该坐标位置的导航过程称为航迹递推。航迹递推是一种非常原始的定位技术，最早是海上船只根据罗经和计程仪所指示的航向、航程及船舶操纵要素与风流要素等，在不借助外界导航物标的条件下求取航迹和船位，逐渐演化成如今自动驾驶汽车定位技术中最常用的方法。正如前面所提到的，惯性导航定位基于一个简单的原理，那就是位置的差异可以由一个加速度的双重积分得到，可以描述为在一个稳定坐

标系下并且明确定义的与时间相关的函数，可表述为

$$\Delta s = s_t - s_0 = \int_0^t \int_0^t a_t \, dt \, dt$$

式中，s_0 为初始位置；a_t 是在 s_t 规定的坐标系中的惯性测量单元测量得到的沿运动方向的加速度。

（五）车载导航定位系统

一个典型的车载导航定位系统通常包括定位模块、数字地图和无线通信模块等。定位模块是所有车载导航定位系统中的关键元件。为了帮助用户得到位置信息，给用户提供恰当的向导或者给监控器提供位置信息，车载定位必须精准。常用的定位技术有航位推算（Dead Reckoning，DR）和 GPS。

车辆航位推算方法是一种常用的自主式车辆定位技术。相对于 GPS 系统，它不用发射接收信号，不受电磁波影响，机动灵活，只要车辆能达到的地方都能定位。但是由于这种定位方法的误差随时间推移而发散，所以只能在短时间内获得较高的精度，不宜长时间单独使用。DR 是利用载体上某一时刻的位置，根据航向和速度信息，推算得到当前时刻的位置，即根据实测的汽车行驶距离和航向计算其位置和行驶轨迹。它一般不受外界环境影响，由于其本身误差是随时间积累的，所以单独工作时不能长时间保持高精度。

DR 的主要原理是利用 DR 传感器测量位移矢量，从而推算车辆的位置。航位推算原理如图 4-7 所示。其中，(x_i, y_i)（$i=1, 2\cdots$）是车辆在 t_i 时刻的初始位置。航向角 θ_i 和行驶距离 s_i 分别是车辆从 t_i 时刻到 t_{i+1} 时刻的绝对航向和位移矢量长度。

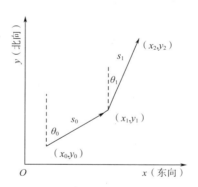

图 4-7　航位推算原理

由图 4-7 可推得

$$x_k = x_0 + \sum_{i=0}^{k-1} s_i \sin\theta_i$$

$$y_k = y_0 + \sum_{i=0}^{k-1} s_i \cos\theta_i$$

式中，x_k，y_k（$k=1, 2, \cdots$）是车辆在 t_k 时刻的位置。

航位推算必须通过其他手段提供车辆初始位置和初始航向角，位移和航向角的变化量要

实时采样，而且采样频率要足够高，这样就可以近似认为采样周期内车辆加速度为零。航位推算的误差随距离和时间积累，不能长期单独使用，可以借助于 GPS 系统对其定位误差进行补偿。

无线通信模块是车辆定位和导航中的关键器件。除了提供个人呼叫以外，还提供一种语音数据转换信道，以便驾驶员获得一些信息，诸如实时交通信息、天气和旅行信息等。作为交通管制中心，可以通过无线移动通信网络得到路网中汽车的信息，并为其提供相应的服务。定位模块通过与无线通信模块、数字地图等相结合，可以实时更新位置信息，提高定位精度。

GPS/DR 组合导航定位系统由 GPS 以及电子罗盘、里程计和导航计算机等组成，如图 4-8 所示。GPS 独立给出车辆所在位置的绝对经度、纬度和海拔高度；电子罗盘作为航向传感器测量车辆的航向；里程计测量汽车单位时间内行驶的里程；导航计算机采集各传感器数据并做航迹推算、GPS 坐标变换及相关数据预处理，由融合算法估计出车辆的动态位置。

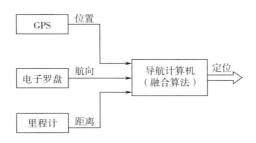

图 4-8　GPS/DR 组合导航定位系统的组成

GPS/DR 组合导航定位系统是一种相对低成本的导航系统，在这个系统上进行 GPS/DR 数据融合，可以实现较高精度的导航定位。

要实现 GPS/DR 组合定位的关键在于如何将两者的数据融合以达到最优的定位效果。目前，关于 GPS/DR 组合的数据融合方法很多，最常见也是使用最广泛的就是卡尔曼滤波方法。将卡尔曼滤波应用于 GPS/DR 组合定位系统当中，就是将 GPS 和 DR 的定位信息综合用于定位求解，通过卡尔曼滤波来补偿修正 DR 系统的状态，同时滤波之后的输出又能够为 DR 系统提供较为准确的初始位置和航向角，从而能够获得比单独使用任意一种定位方法都更高的定位精度和稳定性，如图 4-9 所示。

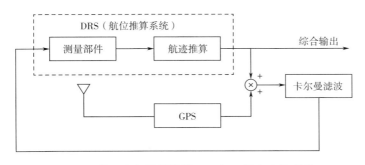

图 4-9　基于卡尔曼滤波的 GPS/DR 组合定位系统

（六）蜂窝无线定位技术

蜂窝定位是一种无线电定位，使用无线电波进行传播。现有无线定位系统基本都是采用相同或相似的定位方法和技术，绝大多数都是通过计算目标移动台的位置来定位，计算位置时需要用到的定位参数是通过测量传播于多个基站和移动台之间的定位信号获得。常用的无线定位方法主要有 AOA 定位、TOA 定位、TDOA 定位等。

1. AOA 定位

AOA 定位方法也称方位测量定位方法，是由两个或多个基站接收到移动台的角度信息，然后利用其计算移动台的位置，如图 4-10 所示。

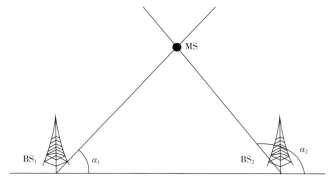

图 4-10　AOA 定位原理

假设有两个基站 BS_1 和 BS_2，α_1 和 α_2 分别是移动台 MS 到两个基站 BS_1 和 BS_2 的达到角度，则

$$\tan\alpha_i = \frac{x - x_i}{y - y_i}$$

求解上式，可估算出移动台位置 (x, y)。

2. TOA 定位

TOA 定位是基于时间的定位方法，称为圆周定位。它是通过测量两点间电波传播时间来计算移动台的位置。如果能够获取三个以上基站到移动台的传播时间，那么移动台在以 (x_i, y_i) 为圆心，以 ct_i 为半径的圆上，就能得出移动台的位置，如图 4-11 所示。BS_1、BS_2、BS_3 是三个基站，表示基站 i 与移动台 MS 之间的直线距离。则移动台应该位于半径为位置的坐标为 R_i、圆心在基站 i 所在位置的圆周上。记移动台的位置坐标为 (x_i, y_i)，则两者之间满足如下关系。

$$(x_i - x_0)^2 + (y_i - y_0)^2 = R_i^2$$

在实际无线电定位中，已知电磁波在空中的传播

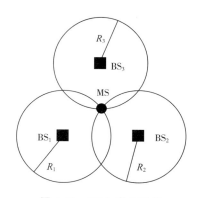

图 4-11　TOA 定位原理

速度 c，如果能够测得电磁波从移动台到达基站 i 的时间 TOA 为 t_i，则可以求出基站与目标移动台的距离 $R_i = c_{t_i}$，取 $i = 1$，2，3，构成三个方程组，可以求得移动台位置坐标 (x_0, y_0)。

3. TDOA 定位

TDOA 定位也称双曲线定位，定位原理如图 4-12 所示。它是利用移动台到达不同基站的时间不同，获取到达各个基站的时间差建立方程组，求解移动台位置，这种定位要求各个基站时间必须同步。移动台位于以两个基站为交点的双曲线上，通过建立两个以上双曲线方程，求解双曲线交点即可得到移动台的二维坐标位置。

4. 混合定位

混合定位技术就是把各种不同的测量信息和特征值进行融合，对移动台进行定位的技术。常见的混合定位技术有 TDOA/AOA、TDOA/TOA、TOA/AOA、TDOA/场强定位等。场强定位的基本原理与到达时间定位原理相似，移动台利用接收到的场强值大小来求解移动台的位置。场强定位容易受到外界周围环境的影响，定位精度不高。

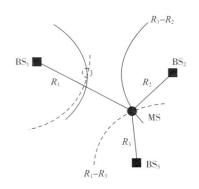

图 4-12 TDOA 定位原理

二、高精度地图

（一）高精度地图的定义

在汽车应用领域中，数字地图用于导航、支持并运用地图功能的先进驾驶辅助系统（ADAS），以及自动或自主驾驶（AD）。

以上三种不同的应用对数字地图有不同的要求。例如，对于车载导航，数字地图发生故障会造成不便，而在 ADAS 与 AD 中可能会造成严重的安全风险。地图内容模型指的是真实世界中有哪些实体属于地图的一部分。地图数字模型指的是这些实体如何在数字地图中体现。导航、ADAS 与 AD 所需要的数字地图内容各不相同。例如，街道名称在导航中颇为重要，而在 ADAS 与 AD 地图中却并非如此。道路曲率对于一些 ADAS 应用是至关重要的，对于自动驾驶是必需的，但是导航系统却不需要道路曲率信息。

道路几何特征对于几乎所有的数字地图的应用都适用。虽然大多数汽车厂商与其供应商使用专有数据模型，但大多数都受地理数据文件（GDF）规范的影响。GDF 规范首次于 1988 年 10 月作为 CEN（欧洲标准委员会）标准发布。GDF 第 5 版作为 ISO 14825 标准于 2011 年发布，目标是将数字地图广泛用于车辆导航系统应用、行人导航、ADAS、公路维护系统、公路运输信息学以及远程信息处理。

GDF 及类似地图数据模型使用以下三种实体。

（1）要素（或物体）：点、线、面（简单要素）或点线面的不同组合（复杂要素）。

（2）要素之间的关系：如子级、父级。

（3）属性：要素或关系的属性。

同一个真实世界中的物体可能会根据不同的数组模型而有不同的表现方式。例如，用于车载导航的地图数据模型中，单条道路通常被分为多个链路（或路段）与连接节点。这种表现形式对于 ADAS 应用不是最佳选择。ADASIS 发布的 ADAS 第 2 版的数据模型是围绕互连真实世界道路序列建立的路径对象而构建的。地图数据模型本质上非常复杂。地图公司 HERE 的关系数据库模式拥有 GDF 的部分元素，由 180 个表格组成，单一路段要素超过 200 个属性。自动驾驶所需的地图数据结构没有如此复杂，因此响应的模式也较为简单。

GDF 数据模型和格式主要为交换格式，描述地图提供商传送数字地图的形式。车内程序直接使用 GDF 会非常复杂且低效。为了满足汽车在数据库大小与访问性能方面的要求，几乎每个做导航或 ADAS 系统的机构都设计并开发了自有的数据模型与数据在媒体上的存储格式：物理数据模型（PDM）和物理存储格式（PSF）。

基于这些不同的模型与格式，地图供应商提供的数据需要通过地图数据汇编的过程转换为特定的 PSF。虽然 GDF 是数字地图交换的事实标准，但是并没有哪一家的 PDM 和 PSF 能占主导地位，主要原因是该技术被认为是导航系统和 ADAS 供应商之间的根本区别之一。

2009 年，部分大型汽车制造商及其一级供应商建立了导航数据标准（NDS）e.V.（e.V. 是德语，即注册协会），设计并落实了通用导航地图数据模型与格式。首批使用 NDS 的系统于 2012 年上市，标准化 PSF 引入后，地图数据供应商可以向主机厂客户端传送数据，而不需要由一级导航系统提供商进行高价的数据编译。NDS 将地图数据库组织成独立的构建模块。NDS 第一版仅支持与导航相关的构建模块，但是较新版本定义了与 ADAS 相关的数据构建模块，并将其扩展为支持自动驾驶的内容。

高精度地图通俗来讲就是精度更高、数据维度更多的电子地图。精度更高体现在精确到厘米级别，数据维度更多体现在其包括了除道路信息之外的与交通相关的周围静态信息。高精度地图将大量的行车辅助信息存储为结构化数据，这些信息可以分为两类：第一类是道路数据，比如车道线的位置、类型、宽度、坡度和曲率等车道信息；第二类是车道周边的固定对象信息，比如交通标志、交通信号灯等信息、车道限高、下水道口、障碍物及其他道路细节，还包括高架物体、防护栏、数目、道路边缘类型、路边地标等基础设施信息。以上这些信息都有地理编码，导航系统可以准确定位地形、物体和道路轮廓，从而引导车辆行驶。其中最重要的是对路网精确的三维表征（厘米级精度），比如路面的几何结构、道路标示线的位置、周边道路环境的点云模型等。有了这些高精度的三维表征，自动驾驶系统可以通过比对车载的 GPS、IMU、LiDAR 或摄像头的数据精确确认自己当前的位置。另外，高精度地图中包含有丰富的语义信息，比如交通信号灯的位置和类型、道路标示线的类型，以及哪些路面是可以行驶等。

与一般电子导航地图相比，高精度地图不同之处在于：

（1）精度。一般电子地图精度在米级别，商用 GPS 精度为 5m。高精度地图的精度在厘米级别（Google、HERE 等高精度地图精度在 10～20cm 级别）。

（2）数据维度。传统电子地图数据只记录道路级别的数据：道路形状、坡度、曲率、铺设、方向等。高精度地图（精确度 cm 级别）：不仅增加了车道属性相关（车道线类型、车道宽度等）数据，更有诸如高架物体、防护栏、树、道路边缘类型、路边地标等大量目标数据。高精度地图能够明确区分车道线类型、路边地标等细节。

（3）作用和功能。传统地图具有辅助驾驶的导航功能，本质上与传统经验化的纸质地图是类似的。而高精度地图通过"高精度高动态多维度"数据，具有为自动驾驶提供自变量和目标函数的功能。高精度地图相比传统地图有更高的重要性。

（4）使用对象。普通的导航电子地图是面向驾驶员，供驾驶员使用的地图数据，而高精度地图是面向机器的供自动驾驶汽车使用的地图数据。

（5）数据的实时性。高精度地图对数据的实时性要求更高。根据博世在2007年提出的定义，无人驾驶时代所需的局部动态地图根据更新频率划分可将所有数据划分为四类：永久静态数据（更新频率约为1个月），半永久静态数据（频率为1h），半动态数据（频率为1min），动态数据（频率为1s）。传统导航地图可能只需要前两者，而高精度地图为了应对各类突发状况，保证自动驾驶的安全实现需要更多的半动态数据以及动态数据，这大大提升了对数据实时性的要求。

高精度地图＝高鲜度＋高精度＋高丰富度。不论是动态化，还是精度和丰富度，最终目的都是为了保证自动驾驶的安全与高效率。动态化保证了自动驾驶能够及时地应对突发状况，选择最优的路径行驶。高精度确保了机器自动行驶的可行性，保证了自动驾驶的顺利实现。高丰富度与机器的更多逻辑规则相结合，进一步提升了自动驾驶的安全性。

（二）高精度地图的数据采集与生成

高精度地图采集原理：高精地图有着与传统地图不同的采集原理和数据存储结构。传统地图多依靠拓扑结构和传统数据库存储，将各类现实中的元素作为地图中的对象堆砌于地图上，而将道路存储为路径。在高精地图时代，为了提升存储效率和机器的可读性，地图在存储时被分为了矢量和对象层。

以某一厂商高精度地图为例。该高精度地图基于的是国际通用的Open Drive规范，并做了一定的修改。一个Open Drive节点背后，是一个Header节点、Road节点与Junction节点，每个类型的节点背后还有各自的细分。而道路线、道路连接处、道路对象都从属于Road节点下。Junction节点下，有着较为复杂的数据处理方式：通过Connection Road将不同的两条道路连接起来，从而实现路口的数据呈现。鉴于路口的类型种类复杂，Junction也常常需要多种连接逻辑。Open Drive为高精度地图提供了矢量式的存储方式，相比传统的堆叠式容量更省，在未来的云同步方面拥有优势。

数据采集包括以下三个部分。①实地采集：高精度地图制作的第一步，往往通过采集车的实地采集完成。采集的核心设备为激光雷达，通过激光的反射形成环境点云从而完成对环境各对象的识别。②处理：包括人工处理、深度学习的感知算法（图像识别）等。一般来说，采集的设备越精密，采集的数据越完整，需要算法去降低的不确定性就越低。采集的数据越不完整，就越需要算法去弥补数据的缺陷，当然也会有更大的误差。③后续更新：主要针对道路的修改和突发路况。这一方面有较多的处理方式，比如众包、与政府的实时路况处理部门合作等。

面对高精度地图市场，重资产的传统实地采集模式对于一些初创企业是较难承受的。此时部分初创企业就选择通过众包的方式，利用相对成本较低的普通车载摄像头和相机来采集道路情况，随后再通过深度学习和图像识别算法使之转变为结构化数据。这方面较为成功的企业是Mobileye，而国内的代表有极奥科技等。

众包除了成本较低外，在实时性上也有较大的优势，未来势必会成为高精度地图采集体系中的一员。目前，已有通用、日产、丰田、上汽等车厂采用了众包的高精度地图采集方式；同时四维图新也于2018年宣布和Mobileye就高精度地图的实时众包采集展开合作。

高精度地图采集所需要的设备包括以下几种。

（1）激光雷达（LiDAR）。激光雷达首先通过向目标物体发射一束激光，然后根据接受-反射的时间间隔确定目标物体的实际距离。根据距离及激光发射的角度，通过简单的几何变换可以计算出物体的位置信息。汽车周围环境的结构化存储通过环境点云实现。激光雷达通过测量光脉冲的飞行时间来判断距离，在测量过程中激光雷达要产生汽车周围的环境点云，这一过程要通过采样完成。一种典型的采样方式是在单个发射器和接收器上在短时间内发射较多的激光脉冲，如在1s内发射万级到十万级的激光脉冲。脉冲发射后，接触到需要被检测的物体并反射回接收器上。每次反射和接受都可以获得一个点的具体地理坐标。发射和反射这一行为进行得足够多时，便可以形成环境点云，从而将汽车周围的环境量化。

（2）摄像头（Camera）。通过车载摄像头，可以捕捉到路面机器周围交通环境的静态信息，通过对图片中关键交通标志、路面周围关键信息的提取，来完成对地图的初步绘制。车载摄像头是高精度地图的信息采集的关键设备，其主要是通过图像识别和处理的原理来进行。

（3）惯性测量单元（IMU）。用于测量物体三轴姿态角（或角速率）以及加速度的装置。一般情况下，一个IMU包含了三个单轴的加速度计和三个单轴的陀螺仪，加速度计检测物体在载体坐标系独立三轴的加速度信号，而陀螺仪检测载体相对于导航坐标系的角速度信号，测量物体在三维空间中的角速度和加速度，并以此解算出物体的姿态。

（4）全球定位系统（GPS）。GPS接收机的任务就是确定四颗或者更多卫星的位置，并计算出它与每颗卫星之间的距离，然后利用这些信息使用三维空间的三边测量法推算出自己的位置。要使用距离信息进行定位，接收机还必须知道卫星的确切位置。GPS接收机存储有星历，其作用是高速接收机每颗卫星在各个时刻的位置。在大城市中由于高大建筑物的阻拦，GPS多路径发射问题比较明显，这样得到的GPS定位信息容易产生从几十厘米到几米的误差，因此靠GPS并不能实现精准定位。

（5）轮测距器。通过轮测距器可以推算无人车的位置。在汽车的前轮通常安装了轮测距器，会分别记录左轮与右轮的总转数。通过分析每个时间段左右轮的转数，可以推算出车辆向前行驶的距离，以及向左右转了多少度。

（6）高精度地图采集车。高精度地图采集车的装备较为复杂，包括我们以上提到的多种传感器，来进行道路和静态交通环境数据的采集。下面我们分别介绍ADAS高精度地图采集车和HAD高精度地图采集车的配置情况。以下内容只是一般采集车的配置情况，不同图商的具体设备配置情况可能略有差别。

（7）ADAS地图采集车。ADAS级别高精度地图精度大约在50cm级别，车顶安装有6个CCD摄像头。其中5个摄像头以圆形环绕，顶部一个单独的摄像头，每个都是500万像素，总计3000万像素。车内副驾驶的位置有用于采集数据的显示屏，机箱在后备箱位置，用于储存和处理数据。

（8）HAD高精度地图采集车。HAD及以上高精度地图精度大约在10cm级别。顶部则是通过装配2个激光雷达（位于后方）和4个摄像头（两前两后）的方式来满足所需要的10cm级别精度。两种方案搭配，能够完成标识牌、障碍物、车道线等道路信息的三维模型搭建。

另外,百度的高精度地图采集车的传感器配置情况为:①最顶部的32线激光雷达、三个360°全景摄像头、一个前置的工业摄像头、一个包含IMU［惯性测量单元,是测量物体三轴姿态角(或角速率)以及加速度的装置］和GPS装置的组合式导航系统以及一个GPS天线。②从具体分工来看,激光雷达负责采集点云数据,摄像头负责采集图片,天线负责接收卫星定位信号,导航系统负责采集GPS轨迹。

高精度地图采集过程包括:采集、自动融合、识别、人工验证、发布。

(1) 采集。高精度地图采集员驾驶采集车以60~80km/h的速度行驶,每天至少采集150km的高精度地图数据。在车内的副驾驶位置,放有负责控制采集设备的电脑系统,用于让采集员实时监控采集情况。在采集过程中,采集员不仅要不断确认采集设备是否工作正常,而且需要根据天气和环境情况来选择不同的摄像头参数。

(2) 自动融合、识别。这一环节是把不同传感器采集的数据进行融合,即把GPS、点云、图像等数据叠加在一起,进行道路标线、路沿、路牌、交通标志等道路元素的识别。对于在同一条道路上下行双向采集带来的重复数据,也会在这一环节进行自动整合和删除。

(3) 人工验证、发布。这一环节由人工完成。自动化处理的数据还不能达到百分百的准确,需要人工再进行最后一步的确认和完善。目前每位员工每天修正的数据量为30~50km。对于修正后的数据,需要上传到云端,最终形成的高精度地图也通过云平台进行分发。

矢量地图:所谓矢量,就是既有大小,又有方向的量。在这里更强调方向,矢,就是箭,箭头一般用来指示方向。矢量地图使用直线和曲线来描述图形,这些图形的元素由点、线、矩形、多边形、圆和弧线等。这些可以通过数学公式计算获得。因此,矢量图形文件体积一般较小。矢量图形的优点是无论放大、缩小或旋转等不会失真,其缺点是难以表现色彩层次丰富的逼真图像效果。具体到导航电子地图应用,矢量数据具有数据结构紧凑,冗余度低,表达精度高,图形显示质量好,有利于网络和检索分析等优点。传统的电子导航地图一般都是矢量地图(包括车载地图和手机端导航地图)。

特征地图:路面信息刻画准确。从矢量地图的原理可以看出,矢量地图对地图原数据信息进行了大量的简化和信息抽取,带来的结果是对道路信息的刻画较为简单。特征地图是对地图原数据进行特征值提取得到的地图数据,其对路面信息刻画得更加真实,其体积和文件大小也相对较大。我们可以理解为,地图原数据的高信息量和矢量地图小体积量的中和,特征地图的产生主要来自高精度定位的驱动。

高精度地图:矢量地图和特征地图的结合。如果高精度地图在自动驾驶中达到理想的应用效果,矢量地图和特征地图的结合或将是重要的选择。通俗来讲,将车载传感器采集到的地图原数据经过提取可以得到特征值,形成特征地图。在此基础上,进一步对其进行抽象、处理和标注,就得到矢量地图,主要包括路网信息、道路属性信息、道路几何信息,以及路上主要标识的抽象信息。再利用特征匹配定位使特征地图匹配效果更好。相比而言,矢量地图体量更小,普适性更好一些,但经过多层的信息简化之后,道路信息的几何特征信息会有所丢失。因此,在应用矢量地图进行高精度地位时,其预处理的难度要大于特征地图。而单纯的特征地图也难以满足自动驾驶的需求,比如矢量地图,由于包含了大量的路网信息,可以做到点到点的路径规划;而特征地图难以完成。因此,高精度地图作用的发挥,或将借助矢量地图和特征地图的结合。

1. 传统地图数据生成与输出链

① 传统地图数据生成与输出链由以下部分组成：处理收集的原始数据，建立适当的语义与地图特征之间的关系。处理过程通常为手动处理、半自动处理与自动程序处理的组合。应用深层神经网络以减少或甚至消除手动处理，尽可能降低成本并提高速度。处理的数据以交换格式提供给客户端。

② 交换格式的数据通常由导航系统供应商编译成更有效的物理存储格式。

③ 编译的数据库通过物理媒介（如 CD、DVD 或 USB）分发给最终用户。

一直以来，原始地图数据主要来源于装载一系列复杂且昂贵的传感器（如激光雷达传感器、多个摄像头、差分 GPS 系统与惯性测量单元）的特殊车辆。只有在数据收集车辆驶过并记录变化之后才可捕获道路上的变化，此更新可能要在变化发生数月后才完成。此外，地图数据提供者很少会以交换格式提供数据，通常每年四次。再加上数据编译和分发的时间，即使是最新的可用地图数据也已经过时一年多了。除了速度慢以外，全过程成本也很高。过时的地图数据在导航系统中会造成麻烦，在 ADAS 与 AD 应用中使用过时数据，数字地图中的错误会导致安全风险。

2. 移动设备作为地图数据收集探测器

配备 GPS 的消费者终端有很多，以个人导航终端与智能手机为主。无线通信可用性提高并且成本降低，为众筹数字地图打开了大门。如今，所有的地图供应商都在使用这项技术，适用范围有大有小。基于移动终端的众筹无法取代传统的数据收集，因为这种众筹仅能实现低质量的定位并且检测的属性数量非常有限。

3. 汽车作为地图数据收集探测器

提升汽车中的硬件传感器数量、精密度与处理能力，显著提高了汽车为后端数据收集及处理提供的信息的准确性与丰富性。如果数字地图数据由汽车持续收集，则地图也可以被传送给客户端并且进行持续处理。在 2004 年到 2008 年间进行的 ActMAP 和 FeedMAP 项目证明了这种方案的可行性，并确定了行动实体、基本算法与各种流程。从那时起，许多公司和组织在检测—收集—创建—分配—使用链中指定，开发并生产各种元素（图 4-13）。由于数据创建运用的是统计方法，格式与协议的标准化使得系统实现更高的渗透率和效率。例如，导航数据标准 PSF 的主要设计目标之一是 "增量更新" 功能，允许存于汽车中的数据发生局部频繁的改变。再者，车辆传感器数据云提取接口规范中制定了将传感器数据从车辆传送到后端的协议。数字地图子系统架构数字地图子系统的目的是向相关汽车应用发送地图数据（图 4-14）。主要包括以下模组：

地图生成途径一般由专业的数字地图供应商完成，例如 HERE 地图、Tom-Tom 或 AND，他们收集并处理原始的数字地图数据。

专利性的核心地图数据库储存并维持非常完善的，甚至可能覆盖全球的数字地图。这一数据库是地图生成途径最重要的一部分。从核心地图数据库中可摘录出地图交换数据库，其中一部分会提供给客户。数据库中数据的内容及准确性取决于客户的需求。地图交流数据库一般由非专利性质的地图交换格式进行递送，例如 GDF。

数据汇编器将地图数据从交换格式转化为更便于分发及使用的格式。使用的有两种汇编的数字地图：后端存储及车载物理存储（数据库）。

后端地图服务给客户提供汽车完整或部分的数字地图或阶段性的数字地图更新。这一分

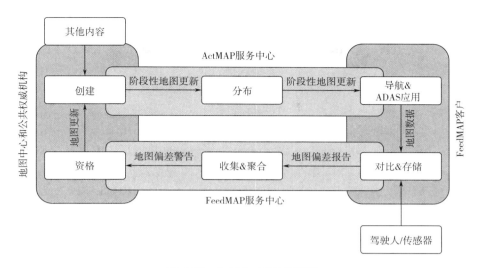

图 4-13 Act/Feed MAP 循环

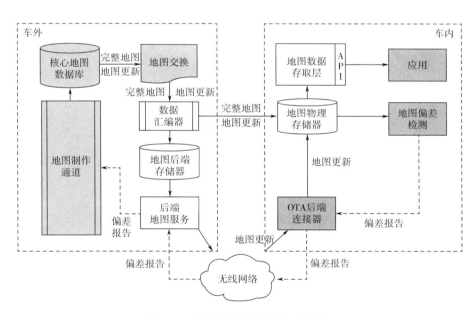

图 4-14 通用的数字地图子系统构架

配是由云端下载（OTA）形式实现的。最常用的是 LTE 和 DSRC，但其他技术，例如卫星通信，也可能被用到。

OTA 后端连接器是一个车载模组，与数字地图后端服务器连接，获取完整或部分地图或地图更新。此外，还会将处理过的或原始的传感器信息发送给后端，以用于地图生成途径。

地图数据存取层公开车载应用使用的应用程序界面以读取地图数据。

地图偏差检测寻找数字地图的问题，并将其汇报给后端，以便地图生成途径改善地图质量。无人驾驶中的数字地图从概念上来说，可以看作是无人驾驶应用中的另一个传感器。地图与传统硬件传感器（例如雷达、激光雷达或摄像头）相比在检测静态物体方面有一定的优势。所有方向都可能实现无限广的范围。

换句话说，数字地图可以用来"看到弯道后面的情况"，这一信息对许多自动驾驶的使用案例都至关重要（图4-15）。然而，数字地图的一大弊端在于它所提供的数据可能已经过时。数字地图产业正在着力解决该问题，措施包括使用新技术，例如"汽车即探测器"这样的新概念，逐步及实时的地图更新等。不久的将来，数字地图将有更高的准确性和时效性。大家必须谨记，地面上的变化需要经过一小段时间间隔才能在地图上反映出来，这个时间间隔开始于上一个探测器在某点探测，结束于下一个探测器抵达该点。为了减少使用过时数据的风险，数字地图的应用可能会限制在一段时间内变化不大的可驾驶区域，或者即使有变化，也控制严格的区域。该项应用的例子包括在高速公路上自动驾驶，或者自动泊车。

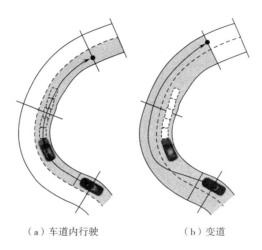

（a）车道内行驶　　（b）变道

图4-15　数字地图在紧急操作计划中的使用

（三）高精度地图的应用

作为无人驾驶的记忆系统，未来的高精度地图将具备以下三大功能。

（1）地图匹配。由于存在各种定位误差，电子地图坐标上的移动车辆与周围地物并不能保持正确的位置关系。利用高精度地图匹配则可以将车辆位置精准地定位在车道上，从而提高车辆定位的精度。

（2）辅助环境感知。对传感器无法探测的部分进行补充，进行实时状况的监测及外部信息的反馈。传感器作为无人驾驶的眼睛，有其局限所在，如易受恶劣天气的影响，此时可以使用高精度地图来获取当前位置精准的交通状况。

（3）路径规划。对于提前规划好的最优路径，由于实时更新的交通信息，最优路径可能也在随时会发生变化。此时高精度地图在云计算的辅助下，能有效地为无人车提供最新的路况，帮助无人车重新制定最优路径。

功能1：地图匹配。高精度地图在地图匹配上更多地依靠其先验信息。传统地图的匹配依赖于GPS定位，定位准确性取决于GPS的精度、信号强弱以及定位传感器的误差。高精度地图相对于传统地图有着更多维度的数据，比如道路形状、坡度、曲率、航向、横坡角等。通过更高维数的数据结合高效率的匹配算法，高精度地图能够实现更高尺度的定位与匹配。

功能2：辅助环境感知。原理：①通过对高精度地图模型的提取，可以将车辆位置周边的道路、交通、基础设施等对象及对象之间的关系提取出来，这可以提高车辆对周围环境的鉴别能力；②一般的地图会过滤掉车辆、行人等活动障碍物，如果无人驾驶车载行驶过程中发现了当前高精度地图中没有的物体，这些物体大概率是车辆、行人和障碍物。

高精度地图可以看作是无人驾驶的传感器，相比传统硬件传感器（雷达、激光雷达或摄像头），在检测静态物体方面，高精度地图具有的优势包括：所有方向都可以实现无限广的范围；不受环境、障碍或者干扰的影响；可以"检测"所有的静态及半静态的物体；不占用过多的处理能力；已存有检测到的物体的逻辑，包括复杂的关系。

功能3：路径规划。高精度地图的规划能力下沉到了道路和车道级别。传统的导航地图的路径规划功能往往基于最短路算法，结合路况为驾驶员给出最快捷/短的路径。但高精度地图的路径规划是为机器服务的。机器无法完成联想、解读等步骤，给出的路径规划必须是机器能够理解的。在这种意义上，传统的特征地图难以胜任，相对来说高精度矢量地图才能够完成这一点。矢量地图是在特征地图的基础之上进一步抽象、处理和标注，抽出路网信息、道路属性信息、道路几何信息以及标识物等抽象信息的地图。它的容量要小于特征地图，并能够通过路网信息完成点到点的精确路径规划，这是高精度地图使能的一大路径。

导航地图、ADAS地图和AD地图所需要的地图各不相同：①对于导航地图而言，街道名称是比较重要的信息，但对ADAS和AD地图却并非如此；②道路曲率对于ADAS应用至关重要，对于自动驾驶也是必需的，但导航地图并不需要道路曲率数据；③道路的几何特征对于导航、ADAS和AD地图都是适用的；④不同地图级别和地图精度的背后是不同级别的智能驾驶以及不同级别的精度需求。

不同级别的高精度地图，在精度和信息量上也有差别。例如，在安全环境下使用的基础ADAS地图只需要精度达到米量级，而HAD级别高精度地图的精度则能达到厘米量级。在数据量方面，基础ADAS地图只记录高精道路级别的数据（道路形状、坡度、曲率、铺设、方向等），HAD级别地图不仅增加了车道属性相关（车道线类型、车道宽度等）数据，更有诸如高架物体、防护栏、树、道路边缘类型、路边地标等大量目标数据。

与传统电子地图相似，高精度地图的数据结构也是分层的。

数据类型1：二维网格数据。高精度地图的底层是一个基于红外线雷达传感器建立的精密二维网格。这个二维网格的精度保证在 $5cm \times 5cm$ 左右。网格中存储的数据包括：可以行驶的路面、路面障碍物、路面在激光雷达下的反光强度等都存储于相应的网格中。无人驾驶汽车可以通过对其传感器搜集到的数据及其内存中的高精度二维网格进行比对，从而确定车辆在路面的具体位置。

数据类型2：路面语义信息。在二维网格参照系的基础上，高精度地图还包括路面的语义信息，比如道路标识线的位置和特征信息，车道特征。这些路面语义信息可以发挥环境辅助感知作用。由于传感器在恶劣天气、障碍物，以及由于其他车辆的遮挡不能可靠地分析出车道信息时，高精度地图中的车道信息特征可以辅助对车道信息进行更准确的判断，理解相邻车道之间是否可以安全并道。

数据类型3：交通标识信息等。高精度地图还包括道路标识牌、交通信息号等相对于二维网格的位置。其作用包括：①提前提示自动驾驶汽车在某些特定的位置检测相应的交通标识牌或者交通信息灯，提高检测速度；②自动驾驶汽车在没有成功检测出交通标识牌或者信号灯的情况下，确保行车的安全。

单元小结

本单元首先重点介绍了导航定位系统，包括全球定位系统、差分定位系统、北斗导航定位系统、惯性导航定位系统、车载导航系统、蜂窝无线定位技术的基本原理和应用场景，在介绍定位导航系统的基础之上介绍了高精度地图的定义和高精度地图的数据采集与生成，以及介绍了高精度地图的应用。

课后习题

一、填空题

1. 导航卫星是由分布在_____个地球椭圆轨道平面上的_____颗工作卫星和_____颗在轨备用卫星组成，相邻轨道之间的卫星彼此成_____，每个轨道面上都有_____颗卫星，在距离地球_____的高空上进行监测。

2. 主控站拥有许多以计算机为主体的设备，用于_____等；编制导航定位指令发送到注入站，并调整_____，进行卫星轨道和时钟校正参数计算，同时还协助、指挥、管理空间卫星和地面监控设备，监控卫星对用户的指令发送。注入站的任务是将主控站送来的_____通过S波段发送至飞过头的卫星。

3. 实现载波相位差分GPS的方法有_____。前者与伪距差分相同，基准站将_____发送给移动站，以改正其载波相位，然后求解坐标；后者将基准站采集的载波相位发送给移动站，进行_____。前者为_____差分技术，后者为_____差分技术。

4. 北斗卫星导航定位系统是中国自行研制开发的_____卫星定位与通信系统，是继美国的_____、俄罗斯的_____之后第三个成熟的卫星导航定位系统。北斗卫星导航定位系统致力于向全球用户提供高质量的_____，其建设与发展则遵循开放性、自主性、兼容性、渐进性这四项原则。

5. 常用的无线定位方法主要有_____、_____、_____等。

6. 高精度地图将大量的行车辅助信息存储为结构化数据，这些信息可以分为两类：第一类是_____，比如车道线的位置、类型、宽度、坡度和曲率等车道信息；第二类是_____，比如交通标志、交通信号灯等信息、车道限高、下水道口、障碍物及其他道路细节，还包括高架物体、防护栏、数目、道路边缘类型、路边地标等基础设施信息。

7. 作为无人驾驶的记忆系统，未来的高精度地图将具备三大功能：_____。

二、简答题

1. GPS的定位原理是什么？
2. 北斗卫星导航定位系统的功能是什么？
3. 与一般电子导航地图相比，高精度地图不同之处在于哪些方面？

单元四 课后习题-参考答案

单元五
智能网联汽车规划与决策控制

学习导入

智能网联汽车自动驾驶或者辅助驾驶系统要安全、可靠运行,离不开相关车载终端、传感器、感知、预测、规划与控制等众多模块的协同工作。规划与决策控制包括路径规划、行为决策、运动规划(局部规划)和反馈控制,其中运动规划又包括轨迹规划和速度规划。

学习目标

(1) 掌握路径规划的种类,掌握全局路径规划与局部路径规划的概念,了解全局路径规划和局部路径规划的主要算法。

(2) 掌握行为决策的概念,掌握交通环境行为预测的基本内容,了解行为决策的基本理论。

(3) 了解智能网联汽车运动控制的基本理论和汽车模型,掌握汽车运动控制方法。

(4) 在 PID 控制中,P 项、I 项、D 项各有特点,必须相互配合才能完成最优控制。我们每个人也都有自己的优缺点,在学习生活中需要学会与别人一起合作,优势互补,发挥团队的作用,才能取得更好的成绩。

一、智能网联汽车规划决策控制概述

智能网联汽车规划决策与控制是实现自动驾驶的关键环节之一,如图 5-1 所示,决策规划相当于人的大脑,接收环境感知信息和车辆状态信息,规划全局路径和行驶过程中的局部路径,作出自动驾驶行为和控制决策,输出控制信息到车辆控制层,控制车辆按规划路径行驶,保证汽车行驶安全与高效。本单元将分别介绍路径规划、决策、控制的基本知识与常见算法原理。

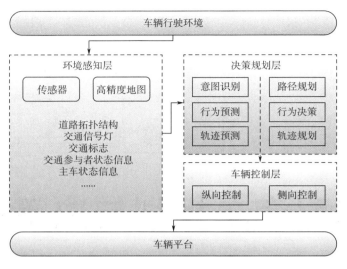

图 5-1　智能网联汽车规划决策控制原理

二、智能网联汽车路径规划

智能车辆的路径规划是根据行为决策部分做出的驾驶目标位置和实时感知的环境指示，为智能车辆提供可以行驶的路径区域信息和辅助驾驶引导过程。智能车辆路径规划技术按照对周围环境掌握能力的不同，可划分为两类：第一类是在智能车辆对周围环境信息已经验证的基础上对路径进行规划，所规划的路径为全局路径；第二类是基于环境感知器信息，对智能车辆的路径进行规划，所规划的路径为局部路径。

（一）全局路径规划

1. 概念

全局路径规划就是根据给定的环境模型（智能车辆地图数据库），在一定约束条件下，规划出一条连接汽车当前位置和目标位置的无碰撞路径。换一种说法，为了实现自动驾驶汽车软件系统内部的导航功能，即在宏观层面上指导自动驾驶汽车软件系统控制规划模块按照什么样的道路行驶，从而引导汽车从起始点到达目的地所花费时间最短、行驶路程最短或费用最低。值得注意的是，这里的全局路径规划虽然一定程度上类似于传统的导航，但其细节上紧密依赖于专门为自动驾驶汽车导航的高精度地图，其与传统导航有本质的区别。

全局路径规划的目的是根据已知电子地图的起点和终点信息，根据道路交通实际情况，采用路径搜索算法生成一条最优化的（时间最短、行驶路程最短、费用最低）全局期望路径。这种规划可以在出发前离线进行，也可以在汽车行驶过程中根据路段的具体情况（如道路修整、交通拥堵、路途出现危险情况等）动态规划。

全局规划的作用在于产生一条全局路径指引汽车前进，避免汽车盲目地探索环境。在全局路径规划时，不同环境下往往会选择不同的优化标准。在平面环境中，通常以路径最短或者驾驶时间最短为优化标准；城市环境下的全局路径规划要考虑道路施工和交通拥堵情况、天气等因素；越野环境的全局路径规划，以安全性为最优标准，充分考虑道路可行宽度、路面平整度、有无泥石流或滑坡等危险情况，充分保障汽车行驶安全。全局路径规划产生的信息，直接被后续的行为决策模块使用。

2. 全局路径规划算法介绍

为了保障智能车辆路径规划的准确性和实时性，目前已经探索出大量的经典或先进的算法。常用的全局路径规划算法主要基于搜索和优化，其中搜索算法包括 Dijkstra 算法、Floyd 算法、A^* 算法和 D^* 算法等，优化算法包括遗传算法、粒子群算法和蚁群算法等。

（1）Dijkstra 算法　由荷兰计算机科学家迪杰斯特拉于 1959 年提出，因此又叫迪杰斯特拉算法，是从一个顶点到其余各顶点的最短路径算法，解决的是有权图中最短路径问题。迪杰斯特拉算法主要特点是从起始点开始，采用贪心算法的策略，每次遍历到始点距离最近且未访问过的顶点的邻接节点，直到扩展到终点为止。

基本思想：通过 Dijkstra 计算图中的最短路径时，需要指定起点 s（即从顶点 s 开始计算）。此外，引进两个集合 S 和 U。S 的作用是记录已求出最短路径的顶点（以及相应的最短路径长度），而 U 则是记录还未求出最短路径的顶点（以及该顶点到起点 s 的距离）。

初始时，S 中只有起点 s，U 中是除 s 之外的顶点，并且 U 中顶点的路径是起点 s 到该顶点的路径。然后，从 U 中找出路径最短的顶点，并将其加入 S 中；接着，更新 U 中的顶点和顶点对应的路径。然后，再从 U 中找出路径最短的顶点，并将其加入 S 中；接着，更新 U 中的顶点和顶点对应的路径。重复该操作，直到遍历完所有顶点。

（2）Floyd 算法　是一个经典的动态规划算法，它又称为插点法。该算法名称以创始人之一、1978 年图灵奖获得者、斯坦福大学计算机科学系教授罗伯特·弗洛伊德命名。Floyd 算法是一种利用动态规划的思想寻找给定的加权图中多源点之间最短路径的算法，算法目标是寻找从点 i 到点 j 的最短路径。

从任意节点 i 到任意节点 j 的最短路径不外乎 2 种可能，1 是直接从 i 到 j，2 是从 i 经过若干个节点 k 到 j。所以，算法假设 Dis(i, j) 为节点 u 到节点 v 的最短路径的距离，对于每一个节点 k，算法检查 Dis(i, k) + Dis(k, j) < Dis(i, j) 是否成立，如果成立，证明从 i 到 k 再到 j 的路径比 i 直接到 j 的路径短，便设置 Dis(i, j) = Dis(i, k) + Dis(k, j)，这样一来，当遍历完所有节点 k，Dis(i, j) 中记录的便是 i 到 j 的最短路径的距离。

Floyd 算法适用于多源最短路径（All Pairs Shortest Paths，APSP），是一种动态规划算法，稠密图效果最佳，边权可正可负。

优点：容易理解，可以算出任意两个节点之间的最短距离，代码编写简单。

缺点：时间复杂度比较高，不适合计算大量数据。

（3）A^* 算法　旨在找到从起始节点到目标节点具有最小代价的路径（最少行驶距离、最短时间等）。A^* 算法维护源自起始节点的路径树，并且一次一个地延伸这些路径直到满足其终止标准。

在 A* 算法主循环的每次迭代中，需要确定对哪条路径进行扩展，A* 算法根据路径的成本和评估点到目标点的成本的估计来选择，具体来说，A* 算法选择待评估集合中能使下式最小的点作为扩展路径的点：

$$f(n)=g(n)+h(n)$$

式中，$f(n)$ 为点 n 的估价函数，$g(n)$ 是路径上从起始点到 n 点的实际路径代价，$h(n)$ 是一个启发式函数，它是 n 点到目标点的估算代价。

A* 算法的典型实现是使用优先级队列来重复选择的最小成本（即 $f(n)$）节点以进行扩展。此优先级队列称为 open set 或 fringe。在算法的每个步骤中，从队列中移除具有最低 $f(n)$ 值的节点，相应地更新其邻居的 f 值和 g 值，并且将这些邻居添加到队列中。循环执行以上步骤，直到目标点被扩展，或者队列为空。目标点的 f 值即为最短路径的成本，因为目标处的 h 值为零。

（4）D* 算法　D* 是动态 A*（Dynamic A*）卡耐基梅隆机器人中心的 Stentz 在 1994 和 1995 年的两篇文章提出，主要用于机器人探路。美国火星探测器上采用的就是此寻路算法。它是一种启发式的路径搜索算法，适合面对周围环境未知或者周围环境存在动态变化的场景。同 A* 算法类似，D-star 通过维护一个优先队列（OpenList）来对场景中的路径节点进行搜索，所不同的是，D* 不是由起始点开始搜索，而是以目标点为起始，通过将目标点置于 Openlist 中来开始搜索，直到机器人当前位置节点由队列中出队为止（当然如果中间某节点状态有动态改变，需要重新寻路，所以才是一个动态寻路算法）。

（5）遗传算法　是模拟达尔文生物进化论的自然选择和遗传学机理的生物进化过程的计算模型，是一种通过模拟自然进化过程搜索最优解的方法。遗传算法是从代表问题可能潜在的解集的一个种群开始的，而一个种群则由经过基因编码的一定数目的个体组成。每个个体实际上是染色体带有特征的实体。染色体作为遗传物质的主要载体，即多个基因的集合，其内部表现（即基因型）是某种基因组合，它决定了个体的形状的外部表现，如黑头发的特征是由染色体中控制这一特征的某种基因组合决定的。因此，在一开始需要实现从表现型到基因型的映射即编码工作。由于仿照基因编码的工作很复杂，我们往往进行简化，如二进制编码，初代种群产生之后，按照适者生存和优胜劣汰的原理，逐代演化产生出越来越好的近似解，在每一代，根据问题域中个体的适应度大小选择个体，并借助于自然遗传学的遗传算子进行组合交叉和变异，产生出代表新的解集的种群。这个过程将导致种群向自然进化，一样的后生代种群比前代更加适应于环境，末代种群中的最优个体经过解码可以作为问题近似最优解。

（6）粒子群优化（Particle Swarm Optimization，PSO）算法　又翻译为粒子群算法、微粒群算法或微粒群优化算法，是通过模拟鸟群觅食行为而发展起来的一种基于群体协作的随机搜索算法。通常认为它是群集智能（Swarm Intelligence，SI）的一种。它可以被纳入多主体优化系统（Multiagent Optimization System，MAOS）。粒子群优化算法是由 Eberhart 博士和 Kennedy 博士发明。

基本思想：粒子群算法通过设计一种无质量的粒子来模拟鸟群中的鸟，粒子仅具有两个属性速度和位置，速度代表移动的快慢，位置代表移动的方向。每个粒子在搜索空间中单独地搜寻最优解，并将其记为当前个体极值，并将个体极值与整个粒子群里的其他粒子共享，找到最优的那个个体极值作为整个粒子群的当前全局最优解，粒子群中的所有粒子根据自己找到的当前个体极值和整个粒子群共享的当前全局最优解来调整自己的速度和位置。

粒子群优化算法与遗传算法的比较有以下共同点：
① 种群随机初始化。
② 对种群内的每一个个体计算适应值，适应值与最优解的距离直接有关。
③ 种群根据适应值进行复制。
④ 如果终止条件满足的话，就停止，否则转步骤②。

PSO 算法和遗传算法两者都随机初始化种群，而且都使用适应值来评价系统，而且都根据适应值来进行一定的随机搜索。两个系统都不是保证一定找到最优解。PSO 算法没有遗传操作，如交叉和变异，而是根据自己的速度来决定搜索。粒子还有一个重要的特点，就是有记忆。

粒子群优化算法与遗传算法比较的不同点：

PSO 算法的信息共享机制是很不同的。在遗传算法中，染色体互相共享信息，所以整个种群的移动是比较均匀地向最优区域移动。在 PSO 算法中，只有 gBest（或 lBest）给出信息给其他的粒子，这是单向的信息流动。整个搜索更新过程是跟随当前最优解的过程。与遗传算法比较，PSO 算法在大多数的情况下，所有的粒子可能更快地收敛于最优解。

粒子群优化算法优点：

演化计算的优势在于可以处理一些传统方法不能处理的。例如不可导的节点传递函数或者没有梯度信息存在。

粒子群优化算法缺点：
① 在某些问题上性能并不是特别好。
② 网络权重的编码，即遗传算子的选择有时比较麻烦。

最近已经有一些利用 PSO 算法来代替反向传播算法来训练神经网络的论文。PSO 算法是一种很有潜力的神经网络算法，PSO 速度比较快而且可以得到比较好的结果。

（7）蚁群算法　模拟蚂蚁觅食行为设计的算法。将蚂蚁群觅食的特点抽象出来转化成数学描述。

蚁群算法（Ant Colony Algorithm，ACA）由 Marco Dorigo 于 1992 年在他的博士论文中首次提出。蚂蚁在寻找食物源时，会在其经过的路径上释放一种信息素，并能够感知其他蚂蚁释放的信息素。信息素浓度的大小表征路径的远近，信息素浓度越高，表示对应的路径距离越短。

通常，蚂蚁会以较大的概率优先选择信息素浓度较高的路径，并释放一定量的信息素，以增强该条路径上的信息素浓度，这样，会形成一个正反馈。最终，蚂蚁能够找到一条从巢穴到食物源的最佳路径，即距离最短。

生物学家同时发现，路径上的信息素浓度会随着时间的推进而逐渐衰减。将蚁群算法应用于解决优化问题，其基本思路为：用蚂蚁的行走路径表示待优化问题的可行解，整个蚂蚁群体的所有路径构成待优化问题的解空间。路径较短的蚂蚁释放的信息素量较多，随着时间的推进，较短的路径上累积的信息素浓度逐渐增高，选择该路径的蚂蚁个数也越来越多。最终，整个蚂蚁会在正反馈的作用下集中到最佳的路径上，此时对应的便是待优化问题的最优解。

（8）快速扩展随机树（Rapidly-exploring Random Trees，RRT）算法　它是近十几年得到广泛发展与应用的基于采样的运动规划算法，由美国爱荷华州立大学的 Steven M. LaValle 教授在 1998 年提出，他一直从事 RRT 算法的改进和应用研究，他的相关工作奠定了

RRT 算法的基础。RRT 算法是一种在多维空间中有效率的规划方法。原始的 RRT 算法是通过一个初始点作为根节点，通过随机采样，增加叶子节点的方式，生成一个随机扩展树，当随机树中的叶子节点包含了目标点或进入了目标区域，便可以在随机树中找到一条由树节点组成的从初始点到目标点的路径。

RRT 既是一种数据结构，也是一种算法，其设计用途是用来有效搜索高维非凸空间，可应用于路径规划、虚拟现实等研究。RRT 是一种基于概率采样的搜索方法，它采用一种特殊的增量方式进行构造，这种方式能迅速缩短一个随机状态点与树的期望距离。该方法的特点是能够快速有效地搜索高维空间，通过状态空间的随机采样点，把搜索导向空白区域，从而寻找到一条从起始点到目标点的规划路径。它通过对状态空间中的采样点进行碰撞检测，避免了对空间的建模，能够有效地解决高维空间和复杂约束的路径规划问题。RRT 算法适合解决多自由度机器人在复杂环境下和动态环境中的路径规划问题。与其他的随机路径规划方法相比，RRT 算法更适用于非完整约束和多自由度的系统中。

（9）图搜索法　在给基本形状的构架自由空间进行概念化处理时，把自由空间分类成诸多单元。当中一部分单元把每一个障碍物都包括在了内部，叫作障碍物单元；而其余没有涵盖障碍物的单元称其为自由单元；若存在单元只有部分涵盖障碍物，就称其为混合单元。上述单元公共联结组成了一连通图，之后通过对应的检索办法找到对应的方式进行检索。在实践操作中，最为经典的两种办法是栅格与自由空间。

前者在建立自由空间的过程当中使用到的办法有：三角形法、广义锥法、事先定义好的凸区法之类的基础形状，在上述概念之下，自由空间就转化为连通图，进而依靠检索连通图实现了路径选定的目标。这一方式的具体优势在于：操作方式非常灵活，连通图的组构不会因为支点或者目标点的变动而产生影响，但同时，连通图的复杂程度也和障碍物的规模呈正相关，所以并不是每一种状况下都能够得到最适宜的路径。为进一步提高工作效果，在研究使用过程中，通常采取多层架构的方式，但是其良好的性能仅仅局限于二维空间内，在三维立体空间中，架构过程耗时耗力，这也成为自由空间法的另一缺憾。

在栅格法中，所需工作环境被划分为一系列局部二值信息的网格单元，用四叉树或八叉树方法来表示工作环境，借助相关优化算法达成路径搜索的目的。栅格在这样的大背景下发挥的是记载的作用，在这样的环境中，拥有特定分辨率的栅格拥有将环境量化处理的作用，环境信息的保存量和规划的周期都受到栅格大小的影响。如果栅格被大块划分，那么其环境信息的储存量就相对较少，规划时间段的同时分辨率也随之下降，不适用于在密集环境中寻找路径的情况；反之，则具有较高的分辨率，适用于在密集环境中的路径探索问题，但其牺牲的是相应的信息储存量及规划时间。

综上所述，此类算法是牺牲了求解效率而进行的大容量精度，从某种角度讲，图搜索法属于位姿空间法的一种。

（二）局部路径规划

1. 概念

智能车辆的局部路径规划是指基于传感器等设备感知行驶遇到的空间障碍物，在满足动力学、运动学约束以及稳定性、舒适性等评价指标的条件下，预先或者实时地为智能车辆规划出从出发点到目标点的最优路径。

局部路径规划也叫作运动规划，其包含轨迹规划和速度规划。局部路径规划以汽车所在局部坐标系为准，将期望全局路径根据汽车定位信息转化到汽车坐标中表示。局部路径规划可理解为无人驾驶汽车未来行驶状态的集合，每个路径点的坐标和切向方向就是汽车位置和航向，路径点的曲率半径就是汽车转弯半径。汽车实际行驶中，位置、航向、转弯半径是连续变化的，生成的路径也要满足位置、航向和曲率的连续变化。

局部路径规划的作用是基于一定的环境地图，寻找一条满足汽车运动学、动力学约束和舒适性指标的无碰撞路径。规划出的局部路径必须具备对全局路径的跟踪能力与避障能力。

汽车在行驶过程中，传感器发现前方有障碍物，或基于某种自动驾驶算法作出超车或者换道决定，或者在十字路口或立交桥处根据决策需要换道，都需要作出局部路径规划，以控制汽车速度、转向控制、制动控制等控制行为完成决策所期望的动作。局部路径规划（运动规划）包含以下三部分。

（1）根据自动驾驶汽车自身的位置、速度、与周围车辆的距离、周围车辆的速度及预测，建立包含障碍区域与自由区域的环境地图，生成可行驶区域。

（2）在建立的环境地图中选择合适的路径搜索算法，快速实时地搜索出可行驶路径。

（3）进行汽车轨迹和速度规划。

2. 汽车可行驶区域生成

汽车局部路径规划要求环境以一种可寻径的方式表达，必须将物理空间转化为具体的状态空间。状态空间包括汽车位置、方向、线速度、角速度以及其他必要特征的完整表达。汽车行驶时读取传感器信息、环境感知器信息和从电子地图中获取的信息，其中电子地图的连续体信息转换成道路网络的数字表示，这一过程对于空间规划非常重要。汽车可行驶区域生成方法主要有：Voronoi图法、占用栅格法、状态网格法、驾驶通道法等。

（1）Voronoi图法　通过最大化汽车与周围障碍物之间的距离来生成路径。用来在Voronoi上进行搜索的算法是完整的，如果自由区域路径存在，那么在Voronoi图上路径也存在。

（2）占用栅格法　将状态空间划分为网格，网格的每个单元都代表当前单元被障碍物占用的概率，或者代表与网格可行性和与风险成比例的代价值。风险或可行性主要通过考虑障碍物、车道、道路边界来计算。网格法在计算能力较低时能快速找到解决方案，但面对非线性动力学的鲁棒性和存在障碍物时比较困难。占用网格可以包含障碍物的位置和速度，显示出其预期运动。

（3）状态网格法　通过重复矩形或正方形来构建网格以使连续空间离散的方式，通过定期重复原始路径来构造网格。原始路径在位置、曲率或时间方面与汽车可能状态相关联。状态网格法在不增加计算复杂度的前提下克服了基于网格的技术在效率方面的局限性。

（4）驾驶通道法　驾驶通道表示一个连续无碰撞空间，受到道路和车道边界以及其他障碍物的限制，汽车将会在其中行驶。驾驶通道的生成基于详细数字地图上给出的车道边界信息，或者基于同时定位和建图（SLAM）技术建立的地图。

用于搜索可行驶空间的方法常常不是独立使用，多种方法相结合可以产生更好的可行驶区域。表5-1比较了上述4种方法的优缺点。

表 5-1 可行驶空间搜索方法比较

方 法	优 点	缺 点
Voronoi 图法	完整性；与障碍物距离最大化	受限于静态环境；不连续边沿
占用栅格法	快速离散化；计算资源消耗少	难以保证符合汽车动力学要求；障碍物表示不准确
状态网格法	计算高效	曲率不连续；运动受限
驾驶通道法	为汽车提供连续无碰撞移动空间	计算资源消耗大；运动有约束

3. 局部轨迹生成主要方法

局部轨迹规划是指有障碍物的环境中，如何利用环境感知器感知周围环境，寻找一条当前点到目标点的局部行驶轨迹，使自动驾驶汽车能够安全、快速到达目标位置。自动驾驶车辆的运动规划模块需要先理解环境，再将轨迹发送到汽车控制模块。通过提取本车状态、与障碍物的交互、交通条件约束等特征来实现。这些特征形成本车状态，运动规划模块建立从当前环境的状态空间到汽车移动轨迹空间的映射。局部路径规划主要包括以下两个关键内容。

（1）建立环境模型　将自动驾驶汽车所处现实环境抽象后，建立计算机可认知的环境模型。

（2）搜索无碰撞路径　在某模型空间中，在多种约束条件下，选择符合条件的路径搜索算法。不同的行驶环境，局部路径规划的侧重点和难点都不一样。

在高速道路上，行车环境相对简单但车速快，对自动驾驶汽车控制精度要求很高，难点主要是环境位置获取的位置精度和路径搜索速度。

在城市道路，道路环境特征明显，但交通环境复杂，周围障碍物较多，自动驾驶汽车识别道路特征和识别障碍物的可靠性要求较高，局部路径规划的难点是汽车周围环境建模和避障行驶的路径搜索，特别是对动态障碍物方向和速度预测。

在越野环境道路，自动驾驶汽车周围环境没有特别的边界，路面状况复杂，可能有大坑或土堆，对自动驾驶汽车识别周围环境，特别是地形、地势识别要求较高，轨迹规划难点主要是汽车可通行区域识别。

局部路径规划的目的是生成一系列轨迹点所定义的轨迹，每一个轨迹点都分配了一个时间戳和速度，让一条曲线与这些轨迹点拟合，生成轨迹的几何表征，移动的障碍物可能会暂时阻挡部分路段，而路段每个轨迹点都有一个时间戳，将时间戳与预测模块的输出结合起来，确保汽车在通过时轨迹上的每个点都未被占用。

评估一条轨迹的优劣主要是基于代价函数，选择代价最低的轨迹。需要考虑汽车偏离中心线的距离、是否可能发生碰撞、速度限制、舒适度等。

4. 局部路径规划算法

目前，在解决路径规划问题上，已经出现了大量的方法，很多全局规划算法做适当调整同样适用于局部规划算法。如用于局部路径规划的模糊逻辑与遗传算法、人工势场法（Artificial Potential Field，APF）、虚拟力场法（Virtual Force Field，VFF）等动态路径规划算法。

(1) 模糊逻辑算法　现实生活经验告诉我们，绝大多数情况下，障碍物的移动都是随机的，道路交通情况更加复杂，车辆在行进过程中无法全面掌握整体环境的所有障碍信息，因此，那些建立在精准信息基础上的传统算法就不能够很好地适应现代路径规划的需求。特别是在动态环境中，虽然当下系统已经能够进行频繁的重复规划，然而，为此付出的运算负荷使得车辆无法灵敏地进行实时变动。

如果我们只是简单地将车身搭载的传感器收集到的特定的环境障碍数据传达给无人驾驶汽车，并不会进一步地建立汽车行驶环境中的精确模型，由此，车辆能够及时地针对相关反馈信息做出反应动作，成为现阶段一种较为有效的解决办法。这种思想的基本思路是：若人类仿照一些低等动物的行为，则人类要遵守的规则也更加简单，只需要对刺激有所反应，而不需要对汽车进行高度智慧化，这种算法的适用性及工程可行性极强；在规则构建方面，研究发现，将人的驾驶经验列为参照物，那么其中的运算量将大幅减少，从而更容易实现运动与规划的同步协调，同时克服了势场法中极易生成局部最优解的问题，具有较好的时效性，但是，在更加复杂的背景中，这样的办法基本无法比照完整的规划库进行建设，所以在环境并不稳定的状态下，用来更改、调整已有规则数据库的工作量很大，自适应能力有限。

(2) 人工势场法　最开始的时候，Khatib 提出来一种属于虚拟力法的求解理念。这一方法的基本理念是把大环境当中车辆的运动看成是虚拟人工受力场内的一种运动，在实践操作中，设想障碍物对车辆产生斥力，而目标点对车辆产生引力，在这两种力的相互作用下，实现对车辆的运动方向的控制。此类算法操作简单，在底层的及时控制工作中得到广泛运用。美中不足的是在实际操作中，该算法极易陷入局部最优解，而迫使车辆在未到达终点的情况下就停靠在局部最优点。

该算法以其算法简单、已与扩展等性能得到广泛的关注，没有引入改良进程的初代人工势场法极易被拉入局部非常小的区域，同时要想进行调整也非常困难，所以不适于进行最简便路径的检索。如果把无人驾驶车辆在动力学方面的参数纳入计算范畴当中，更增加了算法追踪难度。

(3) 虚拟力场法　基本思想是构造目标方位的引力场和障碍物周围的斥力场共同作用的虚拟人工力场，搜索势函数的下降方向来寻找无碰撞路径，使船舶沿虚拟排斥力和虚拟引力的合力方向运动。它是人工势场法原理和栅格法原理结合得到的移动机器人实时避障的虚拟力场法。

(4) 启发式搜索算法　前面全局路径规划算法中的 A* 算法和 Dijkstra 算法都属于启发式搜索算法，在这里就不再重复介绍。

(5) 动态规划算法　基本思想：动态规划算法通常用于求解具有某种最优性质的问题。在这类问题中，可能会有许多可行解。每一个解都对应于一个值，我们希望找到具有最优值的解。动态规划算法与分治法类似，其基本思想也是将待求解问题分解成若干个子问题，先求解子问题，然后从这些子问题的解得到原问题的解。与分治法不同的是，适合于用动态规划求解的问题，经分解得到子问题往往不是互相独立的。若用分治法来解这类问题，则分解得到的子问题数目太多，有些子问题被重复计算了很多次。如果我们能够保存已解决的子问题的答案，而在需要时再找出已求得的答案，这样就可以避免大量重复计算，节省时间。我们可以用一个表来记录所有已解的子问题的答案。不管该子问题以后是否被用到，只要它被计算过，就将其结果填入表中。这就是动态规划法的基本思路。具体的动态规划算法多种多样,但它们具有相同的填表格式。

(6) 曲线插值 曲线插值的方法是按照车辆在某些特定条件(安全、快速、高效)下,进行路线的曲线拟合,常见的有贝塞尔曲线、多项式曲线、B 样条曲线等。一般就多项式算法而言,主要考虑以下几个几何约束,从而确定曲线的参数。

(7) 人工神经网络(Artificial Neural Networks,ANN)系统 人工神经网络是 20 世纪 40 年代后出现的,它是由众多的神经元可调的连接权值连接而成,具有大规模并行处理、分布式信息存储、良好的自组织自学习能力等特点。BP(Error Back Propagation)算法又称为误差反向传播算法,是人工神经网络中的一种监督式的学习算法。BP 神经网络算法在理论上可以逼近任意函数,基本的结构由非线性变化单元组成,具有很强的非线性映射能力。而且网络的中间层数、各层的处理单元数及网络的学习系数等参数可根据具体情况设定,灵活性很大,在优化、信号处理与模式识别、智能控制、故障诊断等许多领域都有着广泛的应用前景。

三、智能网联汽车行为决策

(一)概述

汽车行为决策在自动驾驶汽车规划控制软件中扮演"大脑"的角色,汇聚了所有汽车感知到的重要周围信息,不仅包含了自动驾驶汽车本身当前位置、速度、方向,以及到达目的地的导航信息和当前所处车道,还包括自动驾驶汽车一定距离范围内障碍物信息。行为决策需要解决的问题是在知晓这些信息的基础上,决定自动驾驶汽车的行驶策略,保障自动驾驶汽车安全、快捷地到达目的地。自动驾驶汽车搜集的信息主要包括以下几个方面:

(1) 到达目的地的全局路径规划结果:需要进入什么道路,在哪个路口左转/右转/直行。

(2) 自动驾驶汽车当前自身状态:位置、速度、方向、车道、下一车道等。

(3) 自动驾驶汽车的历史决策信息:上一计算周期的决策(跟车、停车、换道、超车)。

(4) 自动驾驶汽车周围障碍物信息:周边一定距离内所有障碍物信息(周边汽车所在车道、车速、距离,邻近路口有哪些汽车、车速、位置、短时间内的意图、预测轨迹);周围有无骑车人或行人(位置、速度、轨迹)。

(5) 自动驾驶汽车周围地理信息:一定范围内车道结构变化、车道线虚实变化、限速变化;前方有无人行横道线、红绿灯,哪些车道可左转、右转、直行等。

行为决策就是综合上述多方信息,作出如何行驶的决策。由于交通环境预测包含在行为决策模块内,所以下面先介绍交通环境行为预测,再介绍行为决策理论。

(二)交通环境行为预测

自动驾驶车辆从环境感知模块获取道路拓扑结构信息、实时交通信息、障碍物(交通参与者)信息和车辆自身状态信息,根据这些信息对其他动态障碍物(交通参与者)未来运动轨迹作出预测。

动态交通环境所带来的不确定性是自动驾驶汽车运动规划所面临的关键性挑战之一,对交通环境中其他交通参与者的运动进行合理预测,保证路径规划结果安全、可行,它反映了智能车辆对于环境未来变化的理解。

1. 汽车行为预测

汽车行驶轨迹是汽车驾驶员行为(意图)和外部环境因素(如交通信息、道路状况等)共同作用的结果,由此衍生出多种轨迹预测思路:基于物理模型的轨迹预测、基于行为模型的轨迹预测、基于神经网络的轨迹预测、基于交互的轨迹预测、基于仿生学的轨迹预测等。

(1)基于物理模型的轨迹预测　将汽车表示为受物理定律支配的动态实体,使用运动学和动力学模型来预测未来运动,将一些控制输入(如转向、加速等)、汽车属性(重量)和外部条件(道路路面情况)与汽车状态(位置、速度等)变化联系起来。

(2)基于行为模型的轨迹预测　该模型解决了基于物理模型不考虑汽车行为的问题。这种模型中每辆车均被看作一个正在进行某种交通行为(转向、换道、加速等)的客观运动目标,基于行为先验信息可以帮助推测未来一段时间内符合某种行为的运动特征,可以较为准确地实现较长时间的运动预测。基于行为模型轨迹预测有直接通过原型轨迹来进行预测和先识别驾驶员意图再进行预测两种方式。

(3)基于神经网络的轨迹预测　将涵盖道路结构、交通规则、驾驶员意图、汽车操控(如油门、制动、换挡)等复杂因素的汽车运动轨迹数据进行深度神经网络模型学习,车辆轨迹预测会有更强的表达性,会得到更好的预测效果。进行轨迹预测前要将采集到的数据进行预处理,剔除异常噪声轨迹点,提高预测精度。

(4)基于交互的轨迹预测　对周围车辆进行运动预测时,将自身与周围其他车辆看作是相互影响的,考虑它们之间的行为依赖关系,它能提供更加准确可靠的预测结果。考虑交通参与者交互有两种方法:一种方法是假设所有驾驶员都尽量避免碰撞,选择风险小的驾驶行为,该方法在大多数正常驾驶场景可以取得很好的效果,但在一些真正危险的场景可能会出错;另一种方法是利用贝叶斯网络描述汽车交互影响,基于因素状态计算汽车之间的因果依赖关系,建立局部场景函数,可以大大减少计算的复杂度。

(5)基于仿生学的轨迹预测　阿德莱德大学的研究团队发现蜻蜓大脑细胞(神经元)使得它们能够有预谋地追逐和捕捉飞行猎物。这些神经元帮助它们识别和跟踪复杂背景中运动的小物体。蜻蜓的神经元可以从大脑接收的大量视觉信息中选取单个目标,并随后预测其方向和未来位置。这一发现在未来可能对自动驾驶汽车基于视觉的目标轨迹预测过程有所帮助。

2. 行人轨迹预测

行人轨迹预测是根据行人过去一段时间的轨迹,预测其未来轨迹。行人在决策过程中随机性很大,完全相同的场景下,不同的人可能采取完全不同的决策,这使得行人行为预测难度很大,主要包括以下几个方面。

(1)如何使得预测的行人轨迹符合物理约束,又符合社会规范。

(2)如何对不同行人之间的相互影响建模。

(3) 如何预测出多个合理轨迹。

目前行人行为预测的方法主要有：基于社会力模型、基于马尔可夫模型、基于循环神经网络的方法和基于生成对抗网络的方法。

（三）行为决策理论

行为决策理论是一个多学科交叉的研究领域。主要内容是以决策者的决策行为作为出发点，研究决策者的认知过程，揭示决策者的判断和选择的原理，而不是对决策对错的评价；从认知原理学的角度，研究决策者做决策过程中的信息处理机制及其所受内外环境影响。即行为决策理论是研究"人们实际是怎么决策的"以及"为什么会这么决策"的理论。

自动驾驶汽车为了实现各种交通场景下正常行驶，行为决策系统必须具备以下特性：合理性、实时性。行为决策能够根据外部环境变化快速驾驶策略响应，避免危险情况发生。

1. 无人驾驶行为决策系统

行为决策系统的目标是对可能出现的驾驶道路环境都能给出一个合理的行为策略。由于自动驾驶汽车对反应速度和安全性的要求，行为决策实时性要求很高；由于不同驾驶场景对应不同驾驶行为，为避免系统冗余，可根据驾驶环境变化规律分场景决策，既提高了实时性，又保证了合理性。

行为决策系统首先分析道路结构环境，明确所处驾驶场景，针对特定驾驶场景，基于基本交通规则或驾驶经验组成驾驶先验知识，在多个可选行为中基于驾驶任务需求等条件，选择该场景下最优驾驶行为，如图 5-2 所示。

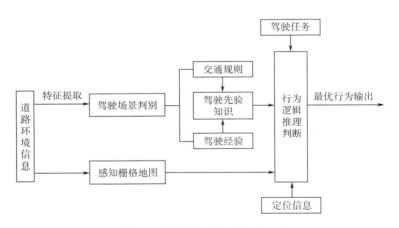

图 5-2 行为决策系统原理框图

2. 基于规则的行为决策

在每个场景中，独立运用对应规则计算自动驾驶汽车对每个场景的决策行为，再将所有划分场景决策进行综合，得出综合的总体决策行为。

（1）综合决策 代表了自动驾驶汽车行为决策的最高整体决策。综合决策是在场景划分的基础上产生每个场景下的个体决策，再综合考虑归纳这些个体决策，得到最终的综合决策。综合决策信息传递给后续运动规划（局部路径规划）模块，结合高精度地图信息，可直接规划出安全无碰撞的行驶路径。

（2）个体决策　对所有重要的决策层面的输入个体，都产生一个个体决策。个体可以是感知输出的路上汽车或行人，也可以是结合了高精度地图的抽象个体，如红绿灯或人行横道线对应的停车线等。个体决策不仅是产生综合决策的元素，也和综合决策一起传递给下游运动规划模块。个体决策有利于下游路径规划模块的求解，还能帮助工程师在软件开发过程中调试决策模块。

（3）场景　可以理解为一系列具有相对独立意义的自动驾驶汽车周围环境的划分。在每个场景实体中，基于交通规则，并结合车主意图，计算出对每个信息元素的个体决策，再经过一系列准则和必要的运算，把这些个体决策最终综合输出给局部路径规划模块。

3. 马尔可夫决策过程

马尔可夫决策过程（Markov Decision Processes，MDP）是基于马尔可夫过程理论的随机动态系统的最优决策过程。马尔可夫决策过程是序贯决策的主要研究领域。它是马尔可夫过程与确定性的动态规划相结合的产物，故又称马尔可夫型随机动态规划，属于运筹学中数学规划的一个分支。

马尔可夫决策过程是指决策者周期地或连续地观察具有马尔可夫性的随机动态系统，序贯地作出决策。即根据每个时刻观察到的状态，从可用的行动集合中选用一个行动做出决策，系统下一步（未来）的状态是随机的，并且其状态转移概率具有马尔可夫性。决策者根据新观察到的状态，再做新的决策，依此反复地进行。马尔可夫性是指一个随机过程未来发展的概率规律与观察之前的历史无关的性质。马尔可夫性又可简单叙述为状态转移概率的无后效性。状态转移概率具有马尔可夫性的随机过程，即为马尔可夫过程。马尔可夫决策过程又可看作随机对策的特殊情形，在这种随机对策中对策的一方是无意志的。马尔可夫决策过程还可作为马尔可夫型随机最优控制，其决策变量就是控制变量。

自动驾驶中一个马尔可夫决策过程，由下面五元组定义：$(S，A，T，R，\gamma)$。

（1）S 代表自动驾驶汽车所处的有限状态空间。状态空间的划分可以结合自动驾驶汽车当前位置及其在地图上的场景设计。

（2）A 代表自动驾驶汽车行为决策空间，即自动驾驶汽车在任何状态下的所有行为空间集合。

（3）T 代表状态转移函数，$T(S，S') = P(S'|S，a)$ 是一个条件概率，代表了自动驾驶汽车在状态 S 和动作 a 下，到达下一个状态 S' 的概率。

（4）R 激励函数，$Ra(S，S')$ 代表了自动驾驶汽车在动作 a 下，从状态 S 到状态 S' 所得到的激励。

（5）$\gamma \in (0,1)$ 是激励衰减因子，下一个时刻的激励按照这个因子进行衰减；在任何一个时刻，当前的激励系数为 1，下一个时刻的激励系数为 γ'，依此类推。

自动驾驶汽车行为决策层面需要解决的问题，在上述 MDP 的定义下可正式描述为寻找一个最优策略。在任意状态 S 下，策略会产生一个对应行为。当策略确定后，整个 MDP 的行为可以看成是一个马尔可夫链。行为决策策略的选取目标是优化从当前时间点开始到未来的累计激励。

四、智能网联汽车控制

智能车辆运动控制系统负责按照路径规划任务实现车辆准确、迅速地跟踪期望路径，按照期望路径进行平稳行驶。运动控制技术主要功能是：首先实现智能车辆对期望路径和期望速度的跟踪，本质是对智能车辆本身运动状态的控制；其次是通过对车辆动力学控制保证智能车辆的行驶稳定性。智能车辆运动控制技术通常分为横向控制和纵向控制两部分。其中，横向控制即车辆路径跟随控制，主要体现了对车辆的侧向动力学控制；纵向控制即车辆速度跟随控制，主要体现对车辆的纵向动力学控制。

（一）汽车运动控制理论

1. PID 控制

在工程实际中，应用最多的控制方法是比例积分微分（Proportional Integral Differential）控制，即 PID 控制。PID 控制包括以下三个过程。

（1）比例控制　是 PID 控制中最简单的控制方式，比例控制的输出与输入的误差值成比例关系。

（2）积分控制　输出与输入误差值的积分成比例关系。

（3）微分控制　输出与输入误差值的微分（即误差变化率）成正比关系。

PID 控制就是根据系统的误差，通过比例、积分、微分三个过程计算出控制量，输入到被控对象。在 PID 控制中，P 作用强，但会留下余差；I 可以消除余差，但动态响应慢；D 能够提前预控，但偏差变化小时其作用较弱。PID 控制原理框图如图 5-3 所示。

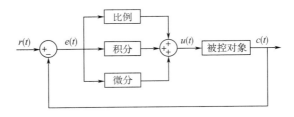

图 5-3　PID 控制原理框图

2. 现代控制理论

（1）线性二次型最优控制　线性二次型最优控制也称为线性二次型调节器（Linear Quadratic Regulation，LQR），是应用线性二次型最优控制原理设计的控制器。当系统状态因某种原因偏离平衡点，在不消耗多余能量的情况下，使系统性能指标仍然保持在平衡点附近。控制对象具有线性或可线性化，性能指标是状态变量和控制变量的二次型函数的积分。典型的 LQR 控制原理框图如图 5-4 所示。

（2）模糊控制　模糊控制器也称为模糊逻辑控制器，模糊控制器中使用的模糊规则是由模糊集合中的模糊条件语句来构成的。模糊控制器属于语言型控制器。模糊控制器的性能取

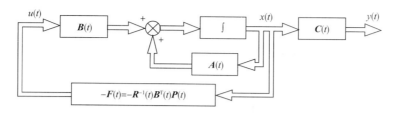

图 5-4 典型 LQR 控制原理框图

决于模糊控制器的结构、模糊规则、合成推理算法和模糊决策方案等因素。模糊控制原理框图如图 5-5 所示。

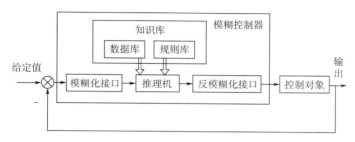

图 5-5 模糊控制原理框图

（3）自适应控制　自适应控制系统需要不断地测量系统本身的状态、性能、参数，并对系统当前数据和期望数据进行比较，再作出改变控制器结构、参数或者控制方法等决策。系统不断测量输入和扰动，与参考输入对比，根据需要不断自动调节自适应机构，既要保证系统输出满足要求，又要保证系统的稳定性。自适应控制原理框图如图 5-6 所示。

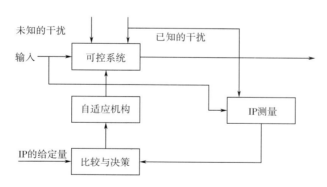

图 5-6 自适应控制原理框图

（4）模型预测控制　在每一个采样周期，通过求解一个有限时域开环最优控制问题来获得其当前的控制序列，系统的当前状态视为最优控制问题的初始状态，求得的控制序列中只执行第一个控制动作。模型预测控制实际上是一种与时间相关的、利用当前状态和当前控制量，实现对未来状态的控制。系统未来的状态是不确定的，在控制过程中要不断地根据系统状态对未来的控制量做调整。模型预测控制是一种致力于将长时间跨度甚至无穷时间的最优化问题，分解为若干短时间跨度或者有限时间跨度的最优控制问题，并在一定程度上追求最优解。模型预测控制原理框图如图 5-7 所示。

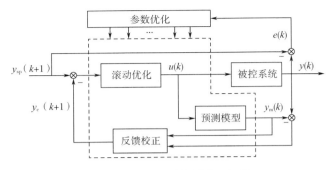

图 5-7 模型预测控制原理框图

（5）神经网络控制 应用神经网络技术，对控制系统中难以精确建模的复杂非线性对象进行神经网络模型辨识，可作为控制器，可以对参数进行优化设计，可进行推理，可进行故障诊断，或同时兼具上述多种功能。神经网络控制器首先利用控制样本进行离线训练，然后以系统误差的均方差为评价函数进行在线学习。神经网络原理如图 5-8 所示。

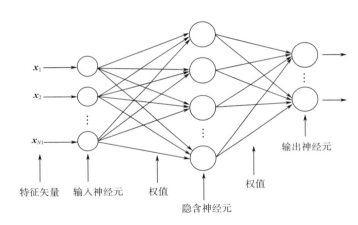

图 5-8 神经网络原理

（6）滑模控制 滑模变结构是变结构控制中的一种控制策略，是一种解决非线性系统问题的综合方法。它具有对对象的数学模型精度要求低，能自适应内部的摄动、外界环境的扰动、自身系统参数的变化，控制算法简单、易于工程实现的优点。在一定的特性下，滑模变结构可以迫使系统沿着规定的状态轨迹做小幅度、高频率的上下运动。

变结构自动控制系统是一类表现为控制的不连续性的非线性系统，其结构在控制过程中不断地改变。滑模控制也是变结构控制的策略之一，利用不连续的控制规律，沿着状态空间中一特殊超平面不断地变换系统的结构，迫使系统状态沿着这个平面向平衡点滑动，最终逐渐稳定于平衡点或其某个允许领域内。

（7）鲁棒控制 鲁棒性就是系统的健壮性。它是在异常和危险情况下系统生存的关键。例如，计算机软件在输入错误、磁盘故障、网络过载或有意攻击情况下，能否不死机、不崩溃，就是该软件的鲁棒性。所谓鲁棒性，是指控制系统在一定（结构，大小）的参数摄动下，维持某些性能的特性。根据对性能的不同定义，可分为稳定鲁棒性和性能鲁棒性。以闭环系统的鲁棒性作为目标设计得到的固定控制器称为鲁棒控制器。

鲁棒控制是一个着重控制算法可靠性研究的控制器设计方法。鲁棒性一般定义为在实际环境中为保证安全要求控制系统最小必须满足的要求。一旦设计好这个控制器，它的参数不能改变而且控制性能保证。

鲁棒控制方法，是对时间域或频率域来说，一般假设过程动态特性的信息和它的变化范围。一些算法不需要精确的过程模型但需要一些离线辨识。一般鲁棒控制系统的设计是以一些最差的情况为基础，因此一般系统并不工作在最优状态。鲁棒控制方法适用于稳定性和可靠性作为首要目标的应用，同时过程的动态特性已知且不确定因素的变化范围可以预估。飞机和空间飞行器的控制是这类系统的例子。

过程控制应用中，某些控制系统也可以用鲁棒控制方法设计，特别是对那些比较关键且不确定因素变化范围大、稳定裕度小的对象。但是，鲁棒控制系统的设计要由高级专家完成。一旦设计成功，就不需要太多的人工干预。另一方面，如果要升级或做重大调整，系统就要重新设计。

通常，系统的分析方法和控制器的设计大多是基于数学模型而建立的，而且，各类方法已经趋于成熟和完善。然而，系统总是存在这样或那样的不确定性。在系统建模时，一方面，有时只考虑了工作点附近的情况，造成了数学模型的人为简化；另一方面，执行部件与控制元件存在制造容差，系统运行过程也存在老化、磨损以及环境和运行条件恶化等现象，使得大多数系统存在结构或者参数的不确定性。这样，用精确数学模型对系统的分析结果或设计出来的控制器常常不满足工程要求。近些年来，人们展开了对不确定系统鲁棒控制问题的研究，并取得了一系列研究成果。H_∞鲁棒控制理论（用于结构确定系统的鲁棒设计）和μ分析理论（用于结构不确定系统的鲁棒设计）则是当前控制工程中最活跃的研究领域之一，多年来一直备受控制研究工作者的青睐。作者通过系统地研究线性不确定系统、时间滞后系统、区间系统、离散时间系统的鲁棒稳定性问题，提出了有关系统鲁棒稳定性的分析和设计方法。

（二）汽车模型

自动驾驶汽车多数情况下都是按照规划轨迹行驶，控制模块的作用就是控制汽车尽可能按照固化轨迹行驶，这就要求规划轨迹尽可能接近实际情况。也就是说轨迹规划过程尽可能考虑汽车运动学和动力学约束，使得控制性能更好。

至于具体的汽车运动学模型和动力学模型如何建立，有兴趣的学生可以学习汽车设计或者汽车理论相关课程，在这里就不详细介绍了。

（三）汽车运动控制

运动控制是自动驾驶汽车研究的核心问题之一，根据当前周围环境和车体位置、姿态、速度等信息，按照一定逻辑作出决策，分别控制油门、制动及转向等执行系统。运动控制主要包括横向控制、纵向控制和纵横向协同控制。横向控制主要研究自动驾驶汽车路径跟踪能力,即控制汽车沿规划路径行驶,同时保证汽车的行驶安全性、平稳性、乘坐舒适性;纵向控制主要研究汽车的速度跟踪能力,控制汽车按预定速度巡航或与前方动态目标保持跟车距离;某些复杂场景单独的横向控制或纵向控制已经很难满足自动驾驶要求,这时就需要采用横纵向协同控制。

1. 横向控制

建立自动驾驶汽车横向控制系统,首先建立道路-汽车动力学控制模型,根据最优预瞄驾驶员原理与模型、设计侧向角速度最优跟踪 PD 控制器,得到汽车横向控制系统;以汽车横向速度和道路曲率为控制器输入,预瞄距离为控制器输出,构建预瞄距离自动选择的最优控制器,实现汽车横向运动的自适应预瞄控制,如图 5-9 所示。

图 5-9 汽车横向运动控制原理框图

2. 纵向控制

自动驾驶汽车纵向控制的控制原理是基于油门踏板与制动踏板的控制与协调,控制汽车加速、减速,实现自动驾驶汽车纵向期望速度的跟踪控制。汽车纵向控制系统分两种模式:直接式和分层式。

(1) 直接式运动控制 通过纵向控制器直接控制期望制动压力和油门开度,实现跟随速度和减速度直接控制,具有快速响应的特点。其结构如图 5-10 所示。

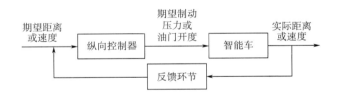

图 5-10 直接式运动控制原理框图

(2) 分层式运动控制 上位控制器控制策略设计的目的是产生期望速度或加速度;下位控制器接收上位控制器产生的期望状态值,并按照其控制算法产生期望制动压力与油门开度,实现汽车纵向车间距或速度跟踪控制。其结构如图 5-11 所示。

3. 横纵向协同控制

为实现横向、纵向控制器的实际效果,必须将横向控制与纵向控制协同并优化控制参数,构建自动驾驶汽车综合控制系统。横纵向协同控制包括决策层、控制层与模型层,如图 5-12 所示。

(1) 决策层 根据视觉感知系统感知的汽车外界环境信息和汽车行驶状态信息,对汽车行驶路径进行规划,形成期望运动轨迹,根据期望运动轨迹选择期望速度。

(2) 控制层 根据决策层得到的期望路径与期望速度输入,经控制系统分析、运算,得

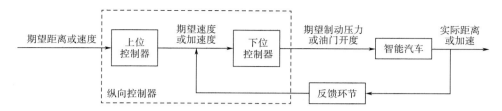

图 5-11　分层式运动控制原理框图

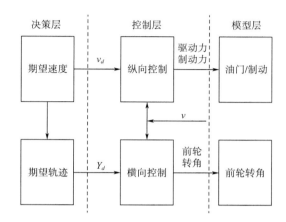

图 5-12　横纵向协同控制原理框图

到理论前轮转角输出、油门控制输出和制动器控制输出信号，确保自动驾驶汽车跟踪期望速度沿期望轨迹行驶。

（3）模型层　运用数学知识建立整车横纵向控制数学模型。

单元小结

本单元按照智能网联汽车决策规划与控制的组成模块及工作过程先后顺序，首先介绍了智能网联汽车决策规划与控制系统的组成，其次介绍了全局路径规划和局部路径规划的概念及主要算法简介，再次介绍了智能网联汽车行为决策的行为预测以及行为决策理论，最后介绍了智能网联汽车控制理论及运动控制。

课后习题

一、名词解释

1. 路径规划。
2. 全局路径规划。
3. 局部路径规划。

二、填空题

1. 全局路径规划的目的是根据已知_____的起点和终点信息，根据_____，采用路径搜索算法生成一条最优化的（时间最短、行驶路程最短、费用最低）_____。

2. 常用的全局路径规划算法主要基于_____和_____，其中_____包括 Dijkstra 算法、Floyd 算法、A* 算法和 D* 算法等，_____包括遗传算法、粒子群算法和蚁群算法等。

3. 局部路径规划也叫作运动规划，其包含_____和_____。

4. 局部路径规划的作用是基于一定的_____，寻找一条满足汽车_____、_____约束和舒适性指标的_____。规划出的局部路径必须具备对全局路径的跟踪能力与避障能力。

5. 行为决策系统的目标是对可能出现的_____都能给出一个合理的行为策略。

6. 马尔可夫决策过程是_____与确定性的_____相结合的产物，故又称马尔可夫型_____，属于运筹学中数学规划的一个分支。

7. 智能车辆运动控制技术通常分为_____和_____两部分。

三、简答题

1. 简述局部路径规划的步骤。
2. 自动驾驶汽车行为决策搜集的信息主要包括哪些方面？
3. 画出行为决策原理框图，简要介绍行为决策过程。
4. 简述运动控制的主要内容。

单元五 课后习题-参考答案

单元六
车载网络系统

学习导入

随着科技的进步，汽车电动化、智能化、网联化的发展越来越迅猛，汽车上的传感器也越来越多，数目已达到成百上千，而且汽车上的传感器和道路基础设施上的传感器也要互联互通，因此，汽车系统和道路基础设施系统就构成了一个庞大的通信网络系统。那么车载网络系统由哪些网络构成？这些网络各有什么特点以及在智能网联汽车上有何应用？通过本单元的学习，读者可以解惑。

学习目标

(1) 熟知车载网络系统的类型与特点。
(2) 掌握车载网络系统的分类、特点、应用。
(3) 汽车的车载网络系统从 LIN、CAN 总线到 FlexRay、以太网，不断快速发展，技术持续更新，应持续不断地提升自身的知识和技能，养成终身学习、勤奋钻研的品质。

一、汽车网络系统概述

汽车网络系统主要由车载网络、车载自组织网络及车载移动互联网络组成，如图 6-1 所示。其中以车内总线通信为基础的是车载网络；以短距离无线通信为基础的是车载自组织网络；以远距离无线通信为基础的是车载移动互联网络。

（一）汽车网络系统类型

以车内总线通信为基础的车载网络系统如图 6-2 所示。
(1) A 类低速网络。传输速率一般小于 10kbit/s，主流协议是 LIN（局域互联网络），

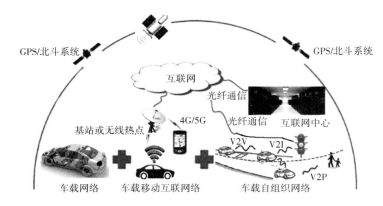

图 6-1 汽车网络系统的组成

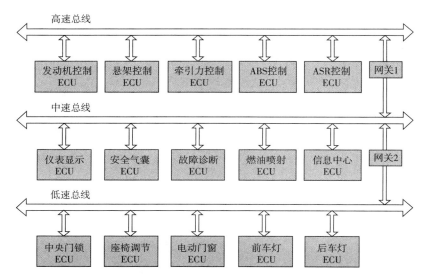

图 6-2 车载网络系统

主要用于电动门窗、电动座椅、照明系统等。

（2）B 类中速网络。传输速率为 10～125kbit/s，对实时性要求不太高，主要面向独立模块之间数据共享的中速网络；主流协议是低速 CAN（控制器局域网络），主要用于故障诊断、空调、仪表显示。

（3）C 类高速网络。传输速率为 125～1000kbit/s，对实时性要求高，主要面向高速、实时闭环控制的多路传输网；主流协议是高速 CAN、FlexRay 等，主要用于发动机控制、ABS、ASR、ESP、悬架控制等。

（4）D 类多媒体网络。传输速率为 250kbit/s～100Mbit/s，网络协议主要有 MOST、以太网、蓝牙、ZigBee 技术等，主要用于要求传输效率较高的多媒体系统、导航系统等。

（5）E 类安全网络。传输速率为 10Mbit/s，主要面向汽车安全系统的网络。

车载自组织网络是基于短距离无线通信技术自主构建的 V2V、V2I、V2P 之间的无线通信网络，实现 V2V、V2I、V2P 之间的信息传输，使车辆具有行驶环境感知、危险辨识、智能控制等功能，并能够实现 V2V、V2I 之间的协同控制，如图 6-3 所示。

图 6-3　车载自组织网络

车载移动互联网是基于远距离通信技术构建的车辆与互联网之间连接的网络，实现车辆信息与各种服务信息在车载移动互联网上的传输，使智能网联汽车用户能够开展商务办公、信息娱乐服务等，如图 6-4 所示。

图 6-4　车载移动互联网

（二）汽车网络的特点

（1）复杂化。智能网联汽车电控系统的网络体系结构复杂，它包含多达数百个 ECU 通信节点，ECU 被划分到十几个不同的网络子系统之中，由 ECU 产生的需要进行通信的信号个数多达数千个。

（2）异构化。为满足各个功能子系统对网络带宽、实时性、可靠性和安全性的不同需求，CAN、LIN、FlexRay、MOST、以太网、自组织网络、移动互联网等多种网络技术都将在智能网联汽车上得到应用，因此，不同网络子系统中所采用的网络技术之间存在很大程度的异构性。

（3）网关互联的层次化架构。智能网联汽车电控系统和先进驾驶辅助系统的网络体系结构具有层次化特点，它同时包括同一网络子系统内不同ECU之间的通信和两个或多个网络子系统所包含的ECU之间的跨网关通信等多种情况。如防碰撞系统功能的实现依赖于安全子系统、底盘控制子系统、车身子系统以及V2V、V2I、V2P之间的交互和协同控制。

（4）通信节点组成和拓扑结构是变化的。智能网联汽车需要实现V2V、V2I、V2P之间的通信，它的网络体系结构中包含的通信节点和体系结构的拓扑结构是变化的。

二、车载网络

车载网络系统主要由CAN、LIN、FlexRay、MOST、以太网等组成，如图6-5所示。

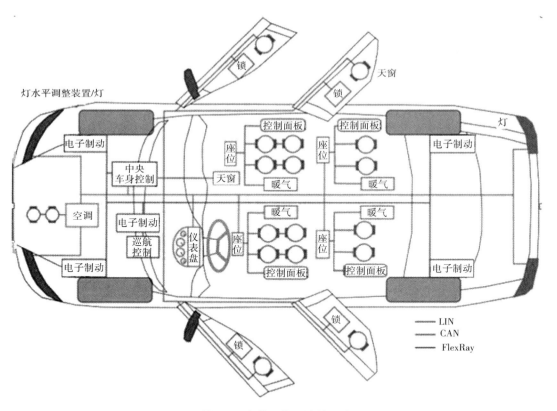

图6-5 车载网络系统的组成

（一）CAN 总线网络

1. CAN 总线定义

CAN 是控制器局域网络（Controller Area Network）的简称，是德国博世公司在 1985 年时为了解决汽车上众多测试仪器与控制单元之间的数据传输而开发的一种支持分布式控制的串行数据通信总线，如图 6-6 所示。目前，CAN 总线已经是国际上应用最广泛的网络总线之一，它的数据信息传输速率最大为 1Mbit/s，属于中速网络，通信距离（无需中继）最远可达 10km。

图 6-6 车载 CAN 总线（一）

2. CAN 总线特点

CAN 总线采用双绞线作为传输介质，媒体访问方式为位仲裁，是一种多主总线，如图 6-7 所示。

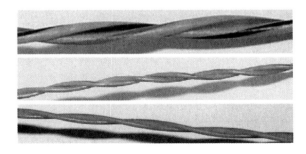

图 6-7 车载 CAN 总线（二）

CAN 总线具有如下特点。

（1）多主控制　在总线空闲时，所有单元都可开始发送消息；最先访问总线的单元可获得发送权；多个单元同时开始发送时，发送高优先级 ID（标识符）消息的单元可获得发送权。

（2）消息的发送　在 CAN 协议中，所有的消息都以固定的格式发送；总线空闲时，所有与总线相连的单元都可以开始发送新消息；两个以上的单元同时开始发送消息时，对各消息 ID 的每个位进行逐个仲裁比较；仲裁获胜（被判定为优先级最高）的单元可继续发送消息，仲裁失利的单元则立刻停止发送而进行接收工作。

（3）系统的柔软性　与总线相连的单元没有类似于"地址"的信息；因此在总线上增加单元时，连接在总线上的其他单元的软硬件及应用层都不需要改变。

（4）高速度和远距离　当通信距离小于 40m 时，CAN 总线的传输速率可以达到 1Mbit/s。通信速度与其通信距离成反比，当其通信距离达到 10km 时，其传输速率可以达到约 5kbit/s。

（5）远程数据请求　可通过发送"遥控帧"请求其他单元发送数据。

（6）错误检测功能、错误通知功能、错误恢复功能。

（7）故障封闭　CAN 总线可以判断出错误的类型是总线上暂时的数据错误（如外部噪声等）还是持续的数据错误（如单元内部故障、驱动器故障、断线等）；当总线上发生持续的数据错误时，可将引起此故障的单元从总线上隔离出去。

（8）连接　CAN 总线可以同时连接多个单元，可连接的单元总数理论上是没有限制的，但实际上可连接的单元数受总线上的时间延迟及电气负载的限制。降低传输速率，可连接的单元数增加；提高传输速率，则可连接的单元数减少。

3. CAN 总线应用

根据 CAN 总线的传输速度不同，应用范围就不同，可分为高速 CAN 和低速 CAN。高速 CAN 是动力型，速度为 500kbit/s，控制 ECU、ABS 等；低速 CAN 是舒适型，速度为 125kbit/s，主要控制仪表、防盗等。CAN 总线的应用如图 6-8 所示。

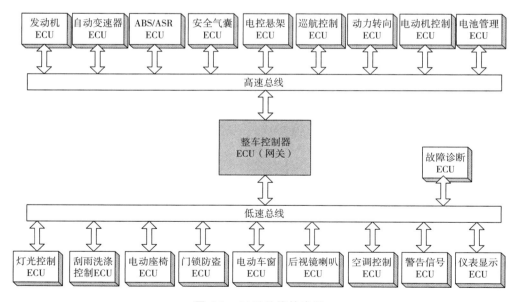

图 6-8　CAN 总线的应用

（二）LIN 总线网络

1. LIN 总线定义

LIN 是局部连接网络（Local Interconnect Network）的简称，也称为局域网子系统，是专门为汽车开发的一种低成本串行通信网络，用于实现汽车中的分布式电子系统控制，如图 6-9 所示。LIN 网络的数据传输速率为 20kbit/s，属于低速网络，媒体访问方式为单主多从，是一种辅助总线，辅助 CAN 总线工作；使用 LIN 总线可大大降低成本。

图 6-9　车载 LIN 总线

2. LIN 总线特点

（1）LIN 总线的通信是基于 SCI 数据格式，媒体访问采用单主节点、多从节点的方式，数据优先级由主节点决定，灵活性好。

（2）一条 LIN 总线最多可以连接 16 个节点，共有 64 个标识符。

（3）LIN 总线采用低成本的单线连接，传输速率最高可达 20kbit/s。

（4）不需要进行仲裁，同时在节点中无需石英或陶瓷振荡器，只采用片内振荡器就可以实现自同步，从而降低硬件成本。

（5）几乎所有的 MCU（微控制单元）均具备 LIN 所需硬件，且实现费用较低。

（6）网络通信具有可预期性，信号传播时间可预先计算。

（7）通过主机节点可将 LIN 与上层网络（CAN）相连接，实现 LIN 的子总线辅助通信功能，从而优化网络结构，提高网络效率和可靠性。

（8）LIN 总线通信距离最大不超过 40m。

3. LIN 总线应用

LIN 网络主要应用于车窗、门锁、开关面板、后视镜等，如图 6-10 所示。

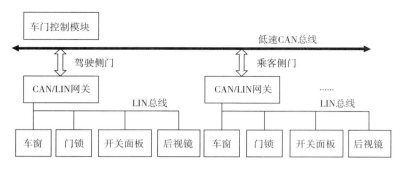

图 6-10　LIN 总线的应用

（三）FlexRay 总线网络

1. FlexRay 总线定义

FlexRay 是一种用于汽车的高速可确定性的、具备故障容错的总线系统。目前汽车中的控制器件、传感器和执行器之间的数据交换主要是通过 CAN 网络进行的。然而，新的线控技术（X-by-wire）系统设计思想的出现，导致车辆系统对信息传送速度尤其是故障容错与时间确定性的需求不断增加；FlexRay 通过在确定的时间槽中传送信息，以及在两个通道上的故障容错和冗余信息的传送，可以满足这些新增加的要求。

2. FlexRay 总线特点

（1）数据传输速率高。最大传输速率可达到 10Mbit/s，双通道总数据传输速率可达到 20Mbit/s，因此，应用在车载网络上，FlexRay 的网络带宽可以是 CAN 网络的 20 倍。

（2）可靠性好。具有冗余数据传输能力的总线系统使用两个相互独立的信道，每个信道都由一组双线导线组成；一个信道失灵时，该信道应传输的信息可在另一条没有发生故障的信道上传输；此外，总线监护器的存在进一步提高了通信的可靠性。

（3）确定性。确定性数据传输用于确保时间触发区域内的每条信息都能实现实时传输。

（4）灵活性。灵活性是 FlexRay 总线的突出特点，体现在以下方面：支持多种方式的网络拓扑结构，点对点连接、串级连接、主动星形连接、混合型连接等；信息长度可配置，可根据实际控制应用需求，为其设定相应的数据载荷长度；双通道拓扑既可用于增加带宽，也可用于传输冗余的信息；周期内静态、动态信息传输部分的时间都可随具体应用而改变。

3. FlexRay 总线应用

（1）替代 CAN 总线。数据传输速率要求超过 CAN 的应用，FlexRay 替代多条 CAN 总线。

（2）用作"数据主干网"。数据传输速率高，且支持多种拓扑结构，非常适合于车辆主干网络，连接多个独立网络。

（3）用于分布式测控系统。分布式测控系统用户要求确切知道消息到达时间，且消息周期偏差非常小，如动力系统、底盘系统的一体化控制中。

（4）用于高安全性要求的系统。FlexRay 本身不能确保系统安全，但它具备大量功能以支持面向安全的系统设计。

FlexRay 总线的应用如图 6-11 所示。

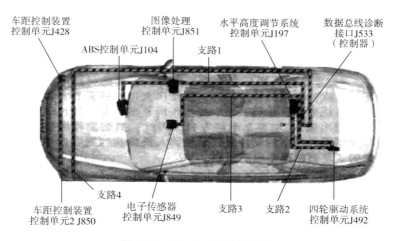

图 6-11　FlexRay 总线的应用

（四）MOST 总线网络

1. MOST 总线定义

MOST（多媒体定向系统传输）总线是使用光纤或双绞线作为传输介质的环形网络，可以同时传输音/视频流数据、异步数据和控制数据，支持高达 150Mbit/s 的传输速率。

MOST25 是第 1 代总线标准，最高可支持 24.6Mbit/s 的传输速率，以塑料光纤作为传输介质；第 2 代标准 MOST50 的传输速率是 MOST25 的 2 倍，采用塑料光纤、非屏蔽双绞线作为传输介质；第 3 代标准 MOST150，不仅最高可支持 147.5Mbit/s 的传输速率，还解决了与以太网的连接等问题，MOST150 将成为 MOST 总线技术发展的趋势。

2. MOST 总线特点

（1）保证低成本条件下，最高可以达到 147.5Mbit/s 的速率。
（2）无论是否有主控计算机都可以工作。
（3）支持声音和压缩图像的实时处理。
（4）支持数据的同步和异步传输。
（5）发送/接收器嵌有虚拟网络管理系统。
（6）支持多种网络连接方式，提供 MOST 设备标准。
（7）通过采用 MOST，可以减轻线束的质量。
（8）光纤网络不会受到电磁辐射干扰与搭铁环的影响。

3. MOST 总线应用

MOST 总线主要用于车载电视、车载电话、车载 CD、车载互联网、DVD 导航等系统的控制，或用于车载摄像头等行车系统，如图 6-12 所示。

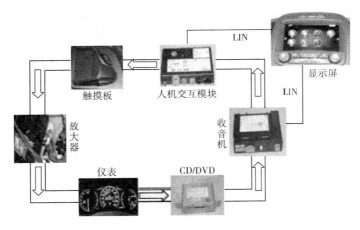

图 6-12　MOST 总线的应用

四种常用总线网络传输速率与成本的比较如图 6-13 所示。

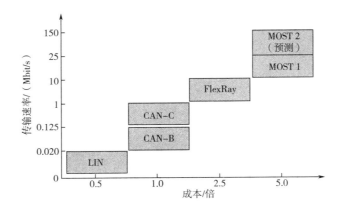

图 6-13　四种常用总线网络传输速率与成本的比较

（五）以太网

1. 以太网总线定义

以太网（Ethernet）是由美国施乐（Xerox）公司创建，并由施乐、英特尔（Intel）和数字装备（DEC）公司联合开发的基带局域网规范，是当今现有局域网采用的最通用的通信协议标准。以太网包括标准以太网（10Mbit/s）、快速以太网（100Mbit/s）、千兆以太网（1000Mbit/s）和万兆以太网（10Gbit/s），如图 6-14 所示。

2. 以太网总线特点

（1）数据传输速率高。最大传输速率能达到 10Gbit/s，并且还在提高，比任何一种现场总线都快。

（2）应用广泛。以太网是一种标准的开放式网络，不同厂商的设备很容易互联。

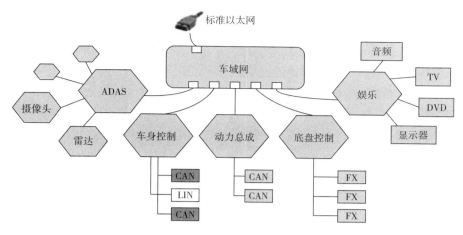

图 6-14 以太网的组成

(3) 容易与信息网络集成,有利于资源共享。由于具有相同的通信协议,以太网能实现与 Internet 的无缝连接,方便车辆网络与地面网络的通信。

(4) 支持多种物理介质和拓扑结构。以太网支持多种传输介质,包括同轴电缆、双绞线、光缆、无线等,使用户可根据带宽、距离、价格等因素做多种选择。

(5) 软硬件资源丰富。大量的软件资源和设计经验可以显著降低系统的开发成本,加快系统的开发和推广速度。

(6) 可持续发展潜力大。车载网络采用以太网,可以避免其发展游离于计算机网络技术的发展主流之外,从而使车载网络与信息网络技术互相促进,共同发展。

3. 以太网总线应用

博通、飞思卡尔和 OmniVision 推出了三方共同开发的 360°全景停车辅助系统,是世界上第一款基于以太网的停车辅助系统,如图 6-15 所示。

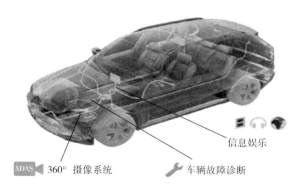

图 6-15 以太网的应用

单元小结

本单元重点讲述了汽车网络系统的类型与特点;车载网络系统的分类、特点、应用;车载自组织网络系统的分类、特点、应用;车载移动互联网络系统的特点、应用。

课后习题

一、填空题

1. 智能网联汽车的网络系统是由_____、_____和_____融合而成。
2. 车载网络系统主要由_____网络、_____网络、_____网络、_____网络和_____网络等组成。
3. 汽车CAN总线有两条：一条用于驱动系统的_____，速率到达_____；另一条用于车身系统的_____，速率到达_____。

二、选择题

1. 适合低速CAN总线连接的是_____。
   A. 发动机　　　　　　　　　　　B. 自动变速器
   C. 主动悬架控制　　　　　　　　D. 电动天窗
2. 不适合LIN总线连接的是_____。
   A. 电动助力转向系统　　　　　　B. 自动空调系统
   C. 电动座椅　　　　　　　　　　D. 自动门窗
3. 适合FlexRay总线连接的是_____。
   A. 车灯　　　　　　　　　　　　B. 自适应巡航控制系统
   C. 喇叭　　　　　　　　　　　　D. 电动后视镜

三、简答题

智能网联汽车网络系统具有哪些特点？

单元六　课后习题-参考答案

单元七
通信系统及大数据平台

学习导入

　　智能网联汽车不是独立的运输个体，而是无数个移动终端。智能网联汽车之间、智能网联汽车与道路基础设施、行人之间都有信息交流，以保证安全行驶，提高通行效率。智能网联汽车常用的通信有哪些？能够实现 V2X 之间的通信又有哪些？V2X 通信示意图如图 7-1 所示。通过本单元的学习，读者可以得到答案。

图 7-1　V2X 通信

学习目标

（1）了解无线通信系统的定义、组成与分类，短距离无线通信的分类。
（2）掌握 V2X 通信的定义、要求和在智能网联汽车上的应用场景。
（3）了解蓝牙通信的定义、特点和应用。
（4）了解 ZigBee 技术的定义、网络组成、特点和应用。
（5）了解 Wi-Fi 技术的定义、网络组成、特点和应用。

(6) 了解 RFID 技术的定义、网络组成、特点和应用。
(7) 了解智慧交通大数据平台组成、功能及关键技术的特点及应用。
(8) 通过美国和日本推行的 DSRC 与我国的 LTE-V 这两种实现 V2X 的不同通信技术路线，强化科技强国理念，坚定道路自信、文化自信和制度自信。

一、无线通信系统的组成与分类

无线通信是利用电磁波信号可以在自由空间中辐射和传播的特性进行信息交换的一种通信方式，它可以传输数据、图像、音频和视频等。

（一）无线通信系统的组成

无线通信系统一般由发射设备、传输介质和接收设备组成，其中传输介质为电磁波、发射设备和接收设备上需要安装天线，完成电磁波的发射与接收。

发射设备是将原始的信号源转换成适合在给定传输介质上传输的信号，其中包括调制、频率变换、功率放大等。调制器将低频信号加到高频载波信号上，频率变换器进一步将信号变换成发射电波所需要的频率（如短波频率、微波频率等），经功率放大器放大后，再通过天线发射出去进行传输。

接收设备是将收到的信号还原成原来的信息送至接收端。接收设备把天线接收下来的射频载波信号经过信号放大、频率变换，最后经过解调的过程再将原始信息恢复出来，完成无线通信。

（二）无线通信系统的分类

无线通信系统可以按传输信号形式、无线终端状态、电磁波波长、传输方式和通信距离等进行分类。

1. 根据传输信号形式分类

根据传输信号的形式不同，无线通信系统可以分为模拟无线通信系统和数字无线通信系统。

（1）模拟无线通信系统。模拟无线通信系统是将采集的信号直接进行传输，传输的是模拟信号。

（2）数字无线通信系统。数字无线通信系统是将采集的信号转变为数字信号后再进行传输，传输的信号只包括数字 0、1，数字无线通信系统正在逐步取代模拟无线通信系统。

2. 根据无线终端状态分类

根据无线终端状态的不同，无线通信系统可以分为固定无线通信系统和移动无线通信系统。

（1）固定无线通信系统。固定无线通信系统的终端设备是固定的，如固定电话通信系统。

（2）移动无线通信系统。移动无线通信系统的终端设备是移动的，如移动电话通信系统。

3. 根据电磁波波长分类

根据电磁波的波长不同，无线通信系统可以分为长波无线通信系统、中波无线通信系统、短波无线通信系统、超短波无线通信系统、微波无线通信系统等。

（1）长波无线通信系统。长波无线通信系统是指利用波长大于 1000m、频率低于 300kHz 的电磁波进行的无线电通信，也称低频通信。它可细分为在长波（波长为 1～10km、频率为 30～300kHz）、甚长波（波长为 10～100km、频率为 3～30kHz）、特长波（波长为 100～1000km、频率为 300～3000Hz）、超长波（波长为 1000～10000km、频率为 30～300Hz）和极长波（波长为 10000～100000km、频率为 3～30Hz）波段的通信。

（2）中波无线通信系统。中波无线通信系统是指利用波长为 100～1000m、频率为 300～3000kHz 的电磁波进行的无线电通信。

（3）短波无线通信系统。短波无线通信系统是指利用波长为 10～100m、频率为 3～30MHz 的电磁波进行的无线电通信。

（4）超短波无线通信系统。超短波无线通信系统是指利用波长为 1～10m、频率为 30～300MHz 的电磁波进行的无线电通信。

（5）微波无线通信系统。微波无线通信系统是指利用波长小于 1m、频率高于 300MHz 的电磁波进行的无线电通信，它可细分为分米波（波长为 100～1000mm、频率为 300～3000MHz）、厘米波（波长为 10～100mm、频率为 3～30GHz）、毫米波（波长为 1～10mm、频率为 30～300GHz）和丝米波（波长为 0.1～1mm、频率为 300～3000GHz）波段的通信。

4. 根据传输方式分类

根据信道路径和传输方式的不同，无线通信系统可以分为红外通信系统、可见光通信系统、微波中继通信系统和卫星通信系统等。

（1）红外通信系统。红外通信系统是一种利用红外线传输信息的通信方式。

（2）可见光通信系统。可见光通信系统是指利用可见光波段的光作为信息载体，在空气中直接传输光信号的通信方式。

（3）微波中继通信系统。微波中继通信系统是利用微波的视距传输特性，采用中继站接力的方法达成的无线电通信方式。

（4）卫星通信系统。卫星通信系统实际上也是作为中继站转发微波信号，在多个地面站之间通信。

5. 根据通信距离分类

根据通信距离，无线通信系统可以分为短距离无线通信系统和远距离无线通信系统。

（1）短距离无线通信系统。短距离无线通信和远距离无线通信在传输距离上至今并没有严格的定义，一般来说，只要通信收发两端是以无线电方式传输信息，并且传输距离被限定在较短的范围内（一般是几厘米至几百米），就可以称为短距离无线通信，它具有低成本、低功耗和对等通信三个重要特征。短距离无线通信技术主要有蓝牙技术、ZigBee 技术、Wi-Fi 技术、UWB（超宽带）技术、RFID（射频识别）技术、NFC（近场通信）技术、专用短程通信技术等。

（2）远距离无线通信系统。当无线通信传输距离超过短距离无线通信的传输距离时，称为远距离无线通信。远距离无线通信技术主要有移动通信技术、微波通信技术和卫星通信技术等。

二、通信技术

V2X 技术是车联网的核心，为无人驾驶奠定了基础，V2X 是基于短程通信技术构建的车-车（V2V）、车-路（V2R）、车-行人（V2P）网络，实现车辆与周围交通环境信息在网络上的传输，获取实时路况、道路、行人等一系列交通信息，使车辆能够感知行驶环境、辨别危险、实现智能控制等功能，提高驾驶安全性，减少拥挤，提高交通效率。

V2X 是基于通信技术的无线局域网协议的动态网络，实现 V2X 的通信技术路线主要有美国、日本采用的 DSRC 通信标准与我国大唐、华为参与研究的 LTE-V 技术。V2X 通信通过与周边车辆、道路、基础设施之间的信息交换，逐步扩大了车辆对交通与环境的感知范围，能够提前获知周边车辆各种信息，如操作信息、拥挤状况及道路盲区等。可见，V2X 技术的应用能够增强车辆的环境感知能力、降低车辆所搭载传感器的成本。

（一）DSRC 通信技术

DSRC 专用短程通信（Dedicated Short Range Communication，DSRC）是一种高效的无线通信技术。例如高速路中的 ETC 专用通道，其原理就是利用的 DSRC 技术。它是实现车辆身份识别，电子扣费，实现不停车、免取卡，建立无人值守车辆通道的关键。另外，在小区停车场遇见的电子拦路口也有与之相同的技术应用。其特点是对短程（数十米的距离）中高速行驶的车辆进行识别和连接，它可以实现小范围内图像、语音和数据的实时，准确和可靠的双向传输，将车辆和道路有机连接。其技术是比较成熟的、稳定的，也是当前被广泛认可的。

DSRC 是基于长距离 RFID 射频识别的微波无线传输技术。国际标准化组织智能运输系统委员会简称 ISO/TC204，负责 DSRC 国际标准的制定工作。DSRC 迄今为止还没有形成统一的国际标准，国际上 DSRC 标准主要有三大阵营：欧洲的 ENV 系列、美国的 900MHz 和日本的 ARIBSTD-T75 标准。鉴于 DSRC 的国际标准发展趋势和应用，1998 年，我国交通部 ITS 中心向交通部无线电管理委员会提出将 5.8GHz 频段（5.795～5.815GHz；下行链路 500kbit/s，上行链路 250kbit/s）分配给 DSRC 技术领域。

专用短程通信（DSRC）技术是 ITS 的基础之一。DSRC 系统包括车-路（V2R）通信和车-车（V2V）通信两种形式：车-路通信是车辆与路边基础设施的通信，属于移动节点与固定节点的通信，采用基于一跳的 Ad Hoc 网络模型；车-车通信是车辆间通信，采用基于多跳的 Ad Hoc 网络模型。两种通信方式被应用于不同领域。

1. 车-路通信

车-路通信主要面向非安全性应用，以 ETC 系统为代表。车辆经过特定的 ETC 通道，通过车载单元（On Board Unit，OBU）与路侧单元（Road Side Unit，RSU）的通信，不需要停车和收费人员采取操作的情况下,能自动完成收费过程。除此之外,基于车-路通信的 DSRC 应用,还可以用于电子地图的下载和交通调度等。路边的 RSU 接入后备网络与当地的交通信息网或因特网连接,通过 OBU 与 RSU 的通信来获取电子地图和路况信息等,从而可以选择最优路线,能够缓解交通拥堵等。

2. 车-车通信

车-车通信方式主要用于车辆的公共安全方面。将 DSRC 技术应用于交通安全领域,能够提高交通的安全系数,作用是减少交通事故,降低直接和非直接的经济损失,以及减少地面交通网络的拥塞。例如,当前面车辆检测到障碍物或车祸等情况时,它将向后发送碰撞警告信息,提醒后面的车辆潜在的危险。

(二)LTE-V 通信技术

进入 21 世纪后,蜂窝移动通信得到了快速的发展,也就是所使用的手机通信。就像是手机连入 3G/4G 一样,开始将蜂窝通信技术应用于车联网通信。

目前最主流的蜂窝通信技术标准是 4G LTE。LTE-V 是给车联网量身定制的 LTE。LTE-V 依托于现有的 LTE 基站,避免了重复建设,而且工作距离远比 DSRC 大,提供了更高的带宽,更高的传输速率,更大的覆盖范围。DSRC 和 LTE-V 的竞争激烈,二者都希望成为主流的车联网通信标准。目前,我国倾向于采用 LTE-V。与 DSRC 标准相比,LTE-V 在覆盖范围、部署成本、安全性及持续演进性等方面更有优势。

随着移动通信技术的进步,车联网对更高可靠性、更低时延的需求越来越迫切,而 DSRC 技术未能满足全程覆盖、盈利模式、容量及安全的需求。

LTE-V 技术不仅能够通过现有的 4G 无线网络,实现车辆远程控制、信息播报、导航等功能,更重要的是车-路、车-车、车-人之间的信息交互,实现智能驾驶等功能,具有广阔的发展前景。目前我国正积极推进具有自主知识产权的 LTE-V 技术,未来有望成为我国车联网标准。华为、大唐等企业正主导参与制定 LTE-V 标准,国外的 LGE、GATT、德国电信和恩智浦也积极参与,未来有望主导 V2X 模块市场。

DSRC 与 LTE-V 通信技术在各方面存在较大差异,它们的不同之处参见表 7-1。

表 7-1 DSRC 与 LTE-V 的比较

技术路线	主要指标	优势	劣势	适用场景
DSRC	支持车速 200km/h;反应时间 100ms;低时延达 20ms;传输范围几百米且容易被建筑物阻挡	技术已趋于成熟	覆盖范围小;数据传输速率低;丢包率高,难以快速处理大量数据;需大量建设路测设备,成本高	行车安全,交通调度
LTE-V	支持车速 500km/h;用户面时延小于 10ms;控制面时延小于 50ms;传输范围广,类似 4G 网络	成本低;覆盖范围广;数据传输速率高;带宽广;数据包丢失率低;可共用现有 4G 网络基站,可平滑过渡到 5G	研发测试阶段	娱乐

（三）移动通信技术

移动通信是指通信的双方至少有一方在运动中实现通信的方式，包括移动台与固定台之间、移动台与移动台之间、移动台与用户之间的通信。由移动台（MS）、基站子系统（BSS）、移动业务交换中心（MSC）等组成，如图7-2所示。

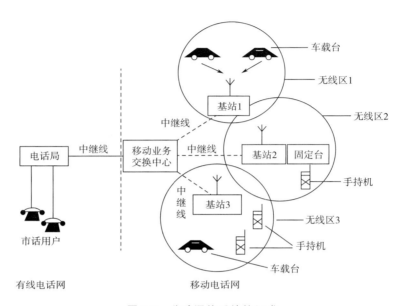

图7-2　移动通信系统的组成

移动通信系统具有以下特点：

（1）高速度。对于5G的基站峰值要求不低于20Gbit/s，高速度给未来对速度有很高要求的业务提供了机会和可能。

（2）泛在网。泛在网有两个层面的含义，一是广泛覆盖，二是纵深覆盖。

（3）低功耗。5G要支持大规模物联网应用，就必须要有功耗的要求。如果能把功耗降下来，让大部分物联网产品一周充一次电，甚至一个月充一次电，就能大大改善用户体验，促进物联网产品的快速普及。

（4）低时延。5G时延降低到1ms。

（5）万物互联。5G时代，终端不是按人来定义，因为每人可能拥有数个终端、每个家庭可能拥有数个终端。通信业对5G的愿景是每一平方公里可以支持100万个移动终端。

（6）重构安全。在5G基础上建立的是智能互联网，智能互联网不仅是要实现信息传输，还要建立起一个社会和生活的新机制与新体系。智能互联网的基本精神是安全、管理、高效、方便，这就需要重新构建安全体系。

国内测试的首辆5G无人驾驶电动巴士，最多可容纳12人，最大速度为20km/h，为纯电动行驶，能实现无人操作下的行人避让、车辆检测、加减速、紧急停车、障碍绕行、变道、自动按站停靠、转弯灯开闭等功能。移动通信技术的应用如图7-3所示。

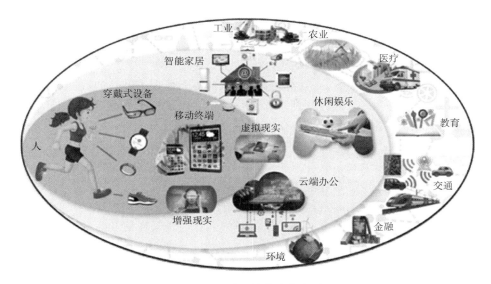

图 7-3 移动通信技术的应用

三、蓝牙技术

蓝牙技术是由爱立信、诺基亚、东芝、IBM 和英特尔 5 家公司于 1998 年联合宣布共同开发的一种短距离无线通信技术。

（一）蓝牙技术定义

蓝牙是一种支持设备之间进行短距离无线通信的技术，它能在包括移动电话、掌上电脑、无线耳机、笔记本电脑、智能汽车、相关外设等众多设备之间进行无线信息交互，利用蓝牙技术能够有效地简化移动通信终端设备之间的通信，也能够简化设备与因特网（Internet）之间的通信，数据传输变得更加迅速高效，为无线通信拓宽道路。蓝牙采用分散式网络结构以及快跳频和短包技术，支持点对点及点对多点通信。工作在全球通用的 2.4GHz ISM（即工业、科学、医学）频段，采用时分双工传输方案实现全双工传输。

（二）蓝牙系统组成

蓝牙系统一般由无线单元、链路控制（固件）单元、链路管理（软件）单元和软件（协议栈）单元四个功能单元组成。

（1）无线单元。蓝牙要求其无线单元体积小、质量轻。蓝牙系统的无线发射功率符合 FCC（美国联邦通信委员会）关于 ISM 波段的要求。由于采用扩频技术，发射功率可增加到 100MW。系统的最大跳频为 1600 跳/s，在 2.4~2.48GHz 之间，采用 79 个 1MHz 带宽的频点。系统的设计通信距离为 0.1~10m。如果增加发射功率，距离可以达到 100m。

（2）链路控制（固件）单元。蓝牙中使用了 3 个 IC 分别作为链路控制器、基带处理器以及射频传输/接收器，此外还使用了 3~5 个单独调谐元件。链路控制器负责处理基带协议和其他的底层连接规程，支持同步面向连接和异步无连接两种方式。

（3）链路管理（软件）单元。链路管理（软件）单元携带了链路的数据设备、鉴权、链路硬件配置和其他一些协议。链路管理（软件）单元可以发现其他远端链路管理并通过链路管理协议与之通信。链路管理（软件）单元提供的服务主要有发送和接收数据、请求名称、地址查询、鉴权、建立连接、链路模式协商和建立以及决定帧的类型等。

（4）软件（协议栈）单元。软件（协议栈）单元是一个独立的操作系统。不与任何操作系统捆绑，它必须符合已经制定好的蓝牙规范。链路协议分为 4 层——核心协议层、电缆替代层、电话控制协议层和采纳的其他协议层。软件（协议栈）单元主要实现的功能有配置及诊断、蓝牙设备的发现、电缆仿真、与外围设备的通信、音频通信及呼叫控制等。

在蓝牙协议栈中，还有一个主机控制接口（Host Controller Interface，HCI）和音频接口。HCI 是到基带控制器、链路管理器以及访问硬件状态和控制寄存器的命令接口。利用音频接口，可以在一个或多个蓝牙设备之间传递音频数据，该接口与基带直接相连。

（三）蓝牙技术特点

蓝牙技术具有以下特点：

（1）全球范围适用。蓝牙工作在 2.4GHz 的 ISM 频段，全球大多数国家 ISM 频段的范围是 2.4~2.4835GHz，使用该频段无须向各国的无线电资源管理部门申请许可证，便可直接使用。

（2）通信距离为 0.1~10m，发射功率 100MW 时可以达到 100m。

（3）同时可传输语音和数据。蓝牙采用电路交换和分组交换技术，支持异步数据信道、三路语音信道以及异步数据与同步语音同时传输的信道。蓝牙有两种链路类型，异步无连接链路和同步面向连接链路。

（4）可以建立临时性的对等连接。根据蓝牙设备在网络中的角色，可分为主设备和从设备。主设备是组网连接主动发起连接请求的蓝牙设备，几个蓝牙设备连接成一个皮网时，其中只有一个主设备，其余都是从设备。皮网是蓝牙最基本的一种网络形式，最简单的皮网是一个主设备和一个从设备组成的点对点的通信连接。

（5）抗干扰能力强。工作在 ISM 频段的无线电设备有很多种，为了很好地抵抗来自这些设备的干扰，蓝牙采用了跳频方式来扩展频谱。蓝牙设备在某个频点发送数据之后，再跳到另一频点发送，而频点的排列顺序是伪随机的，每秒钟频率改变 1600 次，每个频率持续 $625\mu s$。

（6）蓝牙模块体积很小，便于集成。

（7）功耗低。蓝牙设备在通信连接状态下有四种工作模式：激活模式、呼吸模式、保持模式和休眠模式。激活模式是正常的工作状态，另外三种模式是为了节能所规定的低功耗模式。

（8）接口标准开放。蓝牙技术联盟（SIG）为了推广蓝牙技术的应用，将蓝牙的技术标准全部公开，全世界范围内的任何单位和个人都可以进行蓝牙产品的开发，只要最终通过

SIG 的蓝牙产品兼容性测试，就可以推向市场。

（9）成本低。随着市场需求的扩大，各个供应商纷纷推出自己的蓝牙芯片和模块，蓝牙产品价格逐渐下降。

（四）蓝牙技术标准

目前，蓝牙技术已经过 8 个版本的更新，分别为 1.1、1.2、2.0、2.1、3.0、4.0、4.1、4.2 版本。

蓝牙 1.1 版本为最早期版本，传输速率为 748～810kbit/s，容易受到同频率产品的干扰，影响通信质量。

蓝牙 1.2 版本同样是只有 748～810kbit/s 的传输速率，但是增加了抗干扰跳频功能。

蓝牙 2.0 版本是 1.2 版本的改良升级版，传输速率为 1.8～2.1Mbit/s，开始支持双工模式，既可以进行语音通信，也可以传输图片。

蓝牙 2.1 版本主要是将待机时间提高了 2 倍以上，技术标准没有根本性变化。

蓝牙 3.0 版本是一种全新的交替射频技术，允许蓝牙协议栈针对不同任务动态地选择正确射频。在传输速率上，蓝牙 3.0 是蓝牙 2.0 的 8 倍，可以轻松用于录像机至高清电视 PC 至 PMP（便携式媒体播放器）、笔记本电脑至打印机之间的资料传输，但是需要双方都达到此标准才能实现功能。

蓝牙 4.0 版本于 2010 年 7 月 7 日发布，该版本的最大意义在于低功耗，同时加强不同 OEM 厂商之间的设备兼容性，并且降低延迟，理论最高传输速率为 24Mbit/s，有效覆盖范围扩大到 100m（之前的版本为 10m）。该标准芯片被大量的手机、平板电脑所采用。

蓝牙 4.1 版本于 2013 年 12 月 6 日发布，该版本提升了连接速度并且更加智能化，比如减少了设备之间重新连接的时间，意味着如果用户走出了蓝牙 4.1 的信号范围并且断开连接的时间不是很长，当用户再次回到信号范围之后设备将自动连接，反应时间要比蓝牙 4.0 更短。蓝牙 4.1 提高了传输效率，如果用户连接的设备非常多，如连接多部可穿戴设备，彼此之间的信息都能即时发送到接收设备上。为了应对逐渐兴起的可穿戴设备，蓝牙必须能够支持同时连接多部设备。

蓝牙 4.2 版本于 2014 年 12 月 4 日发布，它改善了数据传输速率和隐私保护程度，并且接入蓝牙的设备可直接通过 IPv6 和 6LoWPAN 接入互联网。蓝牙信号想要连接或者追踪用户设备必须经过用户许可，否则蓝牙信号将无法连接和追踪用户设备。速度方面变得更加快速，两部蓝牙设备之间的数据传输速率提高了 2.5 倍，因为蓝牙智能数据包的容量提高，其可容纳的数据量相当于此前的 10 倍左右。

蓝牙标准的每一次升级，都会提升蓝牙产品的整体效能，例如有更广泛的配对范围、更高的传输速率、更加节能、直接接入互联网等。

（五）蓝牙技术应用

蓝牙技术的实质是建立通用的无线接口及其控制软件的开放标准，使计算机和通信进一步结合，使不同厂家生产的便携式设备在没有电缆或电线连接的情况下，能在短距离内互联。

蓝牙技术主要有三方面的应用，即外围设备互联、个人局域网（PAM）、语音/数据接入。外围设备互联是指将各种设备通过蓝牙链路连接到主机；个人局域网主要用于个人网络和信息的共享；语音/数据接入是将一台计算机通过安全的无线链路连接到广域网。

蓝牙技术在汽车上的应用主要有车载蓝牙电话、车载蓝牙音响、车载蓝牙导航、蓝牙汽车防盗、蓝牙后视镜、利用蓝牙技术对汽车进行解锁等。

（1）车载蓝牙电话。车载蓝牙电话是专为行车安全和舒适性而设计的。其功能主要有：自动辨识移动电话，不需要电缆或电话托架便可与手机联机；使用者不需要触碰手机（双手保持在转向盘上）便可控制手机，用语音指令控制接听或拨打电话。使用者可以通过车上的音响或蓝牙无线耳麦进行通话。若选择通过车上的音响进行通话，当有来电或拨打电话时，车上音响会自动静音，通过音响的扬声器/麦克风进行话音传输。若选择蓝牙无线耳麦进行通话，只要耳麦处于开机状态，当有来电时按下接听按钮就可以实现通话。

（2）车载蓝牙音响。车载蓝牙音响基于稳定的高度通用的蓝牙无线技术为基础的无线有源音箱，蓝牙音响内设锂电池，可以随时充电。车载蓝牙音响的使用方式就是将手机和音响进行蓝牙配对即可，方便快捷。在开车的时候，可以通过蓝牙接手机，播放手机的歌曲，同时，还可以作为手机的音响，接打电话；想户外听歌的时候，可以插卡播放，充当一个便携式音响。

（3）车载蓝牙导航。具备蓝牙功能的车载CPS，能为驾驶员提供定位导航的同时，还能作为蓝牙耳机，实现免提接听，极大地方便驾驶员，也大大加强驾驶员行车途中接打电话的安全性；还可以传送图片和文件，充分支持用户的各种需求。

（4）蓝牙汽车防盗。把驾驶员的蓝牙手机当作汽车的第二把锁，如果蓝牙手机不在车内，一旦汽车被启动，系统就会认定汽车被盗，从而开启报警装置。

（5）蓝牙后视镜。汽车后视镜通过蓝牙与手机相连，手机来电时，后视镜显示来电号码。除此以外，该后视镜还集成了免提电话功能，可以通过汽车供电，同时也包含一个内置的电池进行供电。

（6）利用蓝牙技术对汽车进行解锁。虚拟钥匙技术能够通过蓝牙连接让汽车与智能手机/智能手表互联，实现汽车解锁及获取汽车信息。当驾驶员靠近汽车时（几米范围内），手机APP通过蓝牙与汽车连接，能够实现汽车解锁及获取汽车信息。

当驾驶员远离汽车时，可以采用手机APP通过移动网络获取车辆信息，如胎压、预估续航里程、车辆位置、离车辆保养剩余里程等。软件会提示虚拟钥匙超出范围，此时手机APP无法对汽车解锁。

手机APP虚拟钥匙共享功能可自动识别手机通讯录中安装了相同APP的人。车主可以通过简单操作把汽车虚拟钥匙转交给相应的联系人，甚至可以选择虚拟钥匙的有效时间，让虚拟钥匙在有效时间内才能使用，过期的虚拟钥匙将无法对汽车进行任何操作。

汽车虚拟钥匙技术的共享功能使借车过程极大地简化，只要双方手机中都安装了相同的手机APP就能够实现虚拟钥匙的移交，给用户带来了极大的便利。蓝牙这种短距离通信技术从一定程度上又拉近了人与车的距离，只有携带虚拟钥匙的人靠近车辆时才能对汽车进行解锁操作，一定程度上增强了该技术的安全性。

智能蓝牙连接技术将在车辆与可穿戴技术连接的实现过程中发挥至关重要的作用，包括实现监测驾驶员疲劳驾驶、血液中酒精含量以及血糖水平等生物计量指标的连接。智能手表、血压计、脉搏监测仪、酒精监测仪或者血糖监测仪等将成为与车辆连接的可穿戴设备。

四、ZigBee 技术

ZigBee 是以 IEEE 802.15.4 标准为基础发展起来的短距离无线通信技术。2000 年 12 月成立工作小组起草 IEEE 802.15.4 标准，为了促进 ZigBee 技术的发展，2001 年 8 月成立 ZigBee 联盟，研发和推广 ZigBee 无线通信技术，目前该联盟已经有 400 多家成员。

（一）ZigBee 技术定义

ZigBee 技术是一种短距离双向无线通信技术，主要用于距离短、功耗低且传输速率不高的各种电子设备之间进行数据传输，以及典型的有周期性数据、间歇性数据和低反应时间数据传输的应用。

ZigBee 技术是一种低速短距离传输的无线网络协议。ZigBee 协议从下到上分别为物理层（PHY）、媒体访问控制层（MAC）、传输层（TL）、网络层（NWK）、应用层（APL）等。其中物理层和媒体访问控制层遵循 IEEE 802.15.4 标准的规定。

ZigBee 是一种无线连接技术，可工作在 2.4GHz（全球流行）、868MHz（欧洲流行）和 915 MHz（美国流行）3 个频段上，分别具有最高 250kbit/、20kbit/s 和 40kbit/s 的传输速率；不同频段可使用的信道分别为 16 个、1 个和 10 个；它的传输距离一般为 10～100m。

（二）ZigBee 网络结构

ZigBee 支持三种网络拓扑结构，即星形网、对等网和混合网。

在 ZigBee 网络中存在三种逻辑设备类型——协调器、路由器和终端设备。ZigBee 网络由一个协调器、多个路由器和多个终端设备组成，如图 7-4 所示。

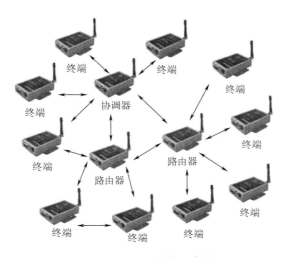

图 7-4　ZigBee 网络示意图

（1）协调器。协调器的主要功能是整个网络的初始配置和启动。协调器首先需要选择一个信道和一个网络ID（也称PANID），然后再开始启动整个网络。协调器也可以协助在网络安全和应用层的工作，一旦这些都完成后，它的角色就转化成一个路由器。

（2）路由器。路由器的功能主要是允许终端设备以节点的身份加入网络，实现多跳路由和协助终端设备的通信。

（3）终端设备。终端设备没有特定的维持网络结构的责任，它可以睡眠或者唤醒，因此它可以是一个电池供电设备。通常，终端设备对存储空间的需求比较小。

（三）ZigBee技术特点

作为一种无线通信技术，ZigBee具有如下特点。

（1）低功耗。由于ZigBee的传输速率低，发射功率仅为1mW，而且采用了休眠模式，功耗低，因此ZigBee设备非常省电。据估算，ZigBee设备仅靠两节5号电池就可以维持长达6个月到2年左右的使用时间，这是其他无线设备望尘莫及的。

（2）成本低。ZigBee模块的初始成本在6美元左右，估计很快就能降到1.5~2.5美元，并且ZigBee协议是免专利费的。低成本对于ZigBee也是一个关键的因素。

（3）时延短。通信时延和从休眠状态激活的时延都非常短，典型的搜索设备时延30ms，休眠激活的时延是15ms，活动设备信道接入的时延为15ms。因此ZigBee技术适用于对时延要求苛刻的无线控制（如工业控制场合等）应用。

（4）网络容量大。一个星型结构的Zigbee网络最多可以容纳254个从设备和一个主设备，一个区域内可以同时存在最多100个ZigBee网络，而且网络组成灵活。

（5）可靠。采取了碰撞避免策略，同时为需要固定带宽的通信业务预留了专用时隙，避开了发送数据的竞争和冲突。MAC层采用了完全确认的数据传输模式，每个发送的数据包都必须等待接收方的确认信息。如果传输过程中出现问题可以进行重发。

（6）安全。ZigBee提供了基于循环冗余校验（CRC）的数据包完整性检查功能，支持鉴权和认证，采用了AES-128的加密算法，各个应用可以灵活确定其安全属性。

（四）ZigBee技术应用

随着ZigBee技术的进一步完善，基于ZigBee技术的产品正逐渐被开发。采用ZigBee技术的无线网络应用领域有数字家庭领域、工业领域、智能交通领域等。

（1）数字家庭领域。ZigBee技术可以应用于家庭的照明、温度、安全控制等。ZigBee模块可安装在电视、灯具、遥控器、儿童玩具、游戏机、门禁系统、空调系统和其他家电产品中，如在灯具中装置ZigBee模块，人们要开灯时，就不需要走到墙壁开关处，直接通过遥控便可开灯。当打开电视机时，灯光会自动减弱；当电话铃响起时或拿起话机准备打电话时，电视机会自动静音。通过ZigBee终端设备可以收集家庭各种信息，传送到中央控制设备，或是通过遥控达到远程控制的目的，提供家居生活自动化、网络化与智能化。

（2）工业领域。通过ZigBee网络自动收集各种信息，并将信息回馈到系统进行数据处理与分析，以便掌握工厂整体信息。例如火警的感测和报警、照明系统的感测、生产机台的流程控制等，都可由 ZigBee 网络提供相关信息，以达到工业与环境控制的目的。基于 ZigBee 技术的自动抄表系统，无须手动读取电表、天然气表及水表。

（3）智能交通领域。如果沿着街道、高速公路及其他地方分布式地装有大批 ZigBee 终端设备，就不再担心会迷路。安装在汽车里的器件将告诉你，你当前所处位置，正向何处去。GPS 也能提供类似服务，但是这种新的分布式系统能够提供更精确更具体的信息。即使在 GPS 覆盖不到的地方，仍能继续使用此系统。从 ZigBee 无线网络系统能够得到比 GPS 多很多的信息，如限速、道路是单行线还是双行线、前面每条道路的交通情况或事故信息等。基于 ZigBee 技术的系统还可以开发出许多其他功能，如在不同街道根据交通流动状态调节红绿灯、追踪超速的汽车或被盗的汽车等。

ZigBee 技术可以用于汽车传感网络上，如已经发展很成熟的胎压监测系统。胎压监测系统由轮胎压力传感器、微控制单元、射频收发器和主机接收器组成。安装在轮胎里的传感器采集轮胎内部温度和压力信息，并将其转换为电信号，通过相应数据处理后，由射频收发器将信号帧发送给位于驾驶舱内的主机接收器，驾驶员即可了解各个轮胎内部的温度、压力情况。如当轮胎内部的压力、温度超出相应阈值时，主机接收器就会通过相应报警装置提醒驾驶员采取相应的措施，使得胎压保持在正常的运行状态，从而保证车辆行驶的安全性。同其他无线技术相比，ZigBee 技术耗能更少、成本更低、传输信号稳定可靠，非常适合用于胎压监测系统，而且由于 ZigBee 设备的地址是全球唯一的，所以能使监控报警端快速识别出工作异常的轮胎，而不会在车辆与车辆之间造成信号干扰。

ZigBee 技术可以用于智能网联汽车。根据智能网联汽车的需要与人们需求，可以在车内加入多种传感器，如酒精探测器、加速度传感器等，用来采集用户所需信息。再用基于 ZigBee 协议的无线模块作为节点，进行数据的处理，并向后台及周阶车辆进行数据传输。

五、Wi-Fi 技术

（一）Wi-Fi 技术定义

Wi-Fi 技术（Wireless Fidelity）是基于 IEEE 802.1b 标准的无线通信技术，俗称无线宽带，可以工作在 2.4GHZ 和 5GHz 频段。在无线局域网（WLAN）范畴内有多种竞争技术，然而，基于 Wi-Fi 的定位通常赢得更多的关注，因为它在城市地区密集布置多个低成本的 Wi-Fi 接入口（AP）能够提供更高的精确度。因此，许多手持设备（如手机、笔记本电脑等）都是基于 Wi-Fi 进行定位的。

Wi-Fi 技术在室内外的环境中均可使用，但是室内环境的使用更为经济划算。正常的 Wi-Fi 工作范围大约为 100m 的距离，但是由于发射功率大小以及环境干扰等因素的影响，一般情况下 Wi-Fi 的室内定位范围为 10m，室外定位范围为 100m 左右；典型的 Wi-Fi 定位精确度为 3~30m，Ekahau 公司采用基于 RSSI（接收信号强度指示，Received Signal-Strength Indicator）的定位方法，通过 Wi-Fi 网络设施可以达到 1m 的定位精度，从而保证 1~3m 的精确度误差；此外，Wi-Fi 的数据传输率也是非常高的，可达 600Mbit/s。

（二）Wi-Fi 技术的网络结构

1. 参考模型

无线局域网由端站（STA）、接入点（AP）、接入控制器（AC）、AAA 服务器以及网元管理单元组成。AAA 服务器是提供 AAA 服务的实体，在参考模型中，AAA 服务器支持 RADIUS 协议。Portal 服务器适用于门户网站推送的实体，在 Web 认证是辅助功能完成认证功能。

2. 接口定义

在该网络模型中，定义了如下接口：

（1）WA 接口。STA 和接入点之间的接口，即空中接口。

（2）WB 接口。接入点和接入控制器之间，该接口为逻辑接口，可以不对应具体的物理接口。

（3）WT 接口。STA 和用户终端的接口，该接口为逻辑接口，可以不对应具体的物理接口。

（4）WU 接口。公共无线局域网（PWLAN）与 Internet 之间的接口。

（5）WS 接口。AC 与 AAA 服务器之间的接口，该接口为逻辑接口，可以不对应具体的物理接口。

（6）WP 接口。AC 与 Portal 服务器之间的接口，该接口为逻辑接口，可以不对应具体的物理接口。

（7）WM 接口。公众无线局域网网元管理单元之间的接口，该接口为逻辑接口。

3. 网络单元功能

在该无线局域网网络参考模型中，各个网络单元的功能如下所述：

（1）端站（STA）是无线网络中的终端，可以通过不同接口接入计算机终端，也可以是非计算机终端上的嵌入式设备；STA 通过无线链路接入 AP，STA 和 AP 之间的接口为空中接口。

（2）接入点（AP）通过无线链路和 STA 进行通信；无线链路采用标准的空中接口协议，AP 和 STA 均为可以寻址的实体；AP 上行方向通过 WB 接口采用有线方式与 AC 连接。

（3）接入控制器（AC）在无线局域网和外部网之间充当网管功能；AC 将来自不同 AP 的数据进行汇聚，与 Internet 相连；AC 支持用户安全控制、业务控制、计费信息采集及对网络的监控；AC 可以直接和 AAA 服务器相连，也可以通过 IP 城域网骨干网（支持 RADIUS 协议）相连；在特定的网络环境下，接入控制器 AC 和接入点 AP 对应的功能可以在物理实现上一体化。

（4）AAA 服务器具备认证、授权和计费功能；AAA 服务器在物理上可以由具备不同功能的独立的服务器构成，即认证服务器（AS）、授权服务器和计费服务器；认证服务器保存用户的认证信息和相关属性，当接收到认证申请时，支持在数据库中对用户数据的查询；在认证完成后，授权服务器根据用户信息授权用户具有不同的属性；在本标准中，AAA 服务器即支持 RADIUS 协议的服务器。

（5）Portal 服务器负责完成 PWLAN 用户门户网站的推送，Portal 服务器为必选网络单元。

（三）Wi-Fi 技术特点

Wi-Fi 技术具有以下特点。

（1）覆盖范围大。覆盖半径可以达到数百米，而且解决了高速移动时数据的纠错问题和误码问题，Wi-Fi 设备与设备、设备与基站之间的切换和安全认证都得到了很好的解决。

（2）传输速率快。不同版本传播速率不同，基于 802.11n 的传播速率可以达到 600Mbit/s。

（3）健康安全。IEEE 802.11 规定的发射功率不可超过 100MW，实际发射功率为 60～70MW，辐射非常小。

（4）无须布线。可以不受布线条件的限制，不需要网络布线，适合移动设备。

（5）组建容易。只要在需要的地方设置接入点，并通过高速线路将互联网接入，用户只需将支持无线局域网的设备拿到该区域，即可进入互联网。

Wi-Fi 信号会随着离接入点距离的增加而减弱，而且无线电信号遇到障碍物会发生不同程度的折射、反射、衍射，使信号传播受到干扰；无线电信号也容易受同频率电波的干扰和雷电天气的影响，这些都会造成网络信号的不稳定和速率下降。

Wi-Fi 技术作为高速有线接入技术的补充，具有可移动性、价格低廉的优点，Wi-Fi 技术广泛应用于有线接入需要无线延伸的领域。

（四）Wi-Fi 技术应用

由于 Wi-Fi 的频段在世界范围内是无需任何电信运营执照的，因此，无线局域网提供了一个世界范围内可以使用的、费用极其低廉且数据带宽极高的无线空中接口。用户可以在 Wi-Fi 覆盖区域内快速浏览网页、随时随地接听拨打电话、收发电子邮件、音乐下载、数码照片传递等。Wi-Fi 在掌上设备上应用越来越广泛，如智能手机。Wi-Fi 手机与早前应用于手机上的蓝牙技术不同，Wi-Fi 具有更大的覆盖范围和更高的传输速率。如今 Wi-Fi 的覆盖范围在国内越来越广泛，宾馆、商场、飞机场、车站以及咖啡厅等都有 Wi-Fi 接口。

Wi-Fi 技术凭借其低成本、低功耗、灵活、可靠等优势在物联网产业中发挥着重要作用。Wi-Fi 技术在物联网中广泛应用于电力监控、油田监测、环境监测、气象监测、水利监测、热网监测、电表监控、机房监控、供水监控等。

采用 Wi-Fi 技术的车载影音系统，可以直接与手机相连，实现手机与车载影音系统的同步互联操作，除了具备传统的视频播放、车载导航功能之外，还可以实现同屏传送、收发邮件、网络登录、网络下载等移动互联功能。

对于智能网联汽车，驾驶员可以使用移动设备远程查看其车辆位置、轮胎气压、油显与里程等，同样也可以在同一移动设备上接收关于车辆性能与诊断的预警信息。此外，车载 Wi-Fi 技术还可以搭建移动热点，在不依赖蜂窝设备且移动的状态下实现与网络的连接。Wi-Fi 同样有望在 V2X 通信和实现无人驾驶的过程中发挥关键作用。在支持千兆及千兆以上速率的相关标准不断发展的情况下，Wi-Fi 的优势更加明显。

六、RFID 技术

（一）RFID 技术定义

无线射频识别即射频识别技术（Radio Frequency Identification，RFID），是自动识别技术的一种，通过无线射频方式进行非接触双向数据通信，利用无线射频方式对记录媒体（电子标签或射频卡）进行读写，从而达到识别目标和数据交换的目的，其被认为是 21 世纪最具发展潜力的信息技术之一。

无线射频识别技术通过无线电波不接触快速信息交换和存储技术，通过无线通信结合数据访问技术，然后连接数据库系统，加以实现非接触式的双向通信，从而达到了识别的目的，用于数据交换，串联起一个极其复杂的系统。在识别系统中，通过电磁波实现电子标签的读写与通信。根据通信距离，可分为近场和远场，因此读/写设备和电子标签之间的数据交换方式也对应地被分为负载调制和反向散射调制。

（二）RFID 系统组成

RFID 系统主要由标签、阅读器和天线三部分组成。阅读器收集到的数据信息传送到后台系统进行处理。

（1）标签。标签由耦合元件及芯片组成，每个电子标签都具有唯一的电子编码，附着在物体上标识目标对象；每个标签都有一个全球唯一的 ID 号码——UID（用户身份证明），其在制作标签芯片时存放在 ROM 中，无法修改，其对物联网的发展有着很重要的影响。

（2）阅读器。阅读器是将标签中的信息读出，或将标签所需要存储的信息写入标签的装置。根据使用的结构和技术不同，阅读器可以是读/写装置，是 RFID 系统信息控制和处理中心。在 RFID 系统工作时，由阅读器在一个区域内发送射频能量形成电磁场，区域的大小取决于发射功率。在阅读器覆盖区域内的标签被触发，发送存储在其中的数据，或根据阅读器的指令修改存储在其中的数据，并能通过接口与计算机网络进行通信。阅读器的基本构成通常包括：收发天线、频率产生器、锁相环、调制电路、微处理器、存储器、解调电路和外设接口。

（3）天线。天线是用来在标签和阅读器之间传递射频信号。射频电路中的天线是联系阅读器和电子标签的桥梁。阅读器发送的射频信号能量，通过天线以电磁波的形式辐射到空间，当电子标签的天线进入该空间时，接收电磁波能量，但只能接收其很小的一部分。阅读器和电子标签之间的天线耦合方式有两种：一种是电感耦合方式，适用于低频段射频识别系统；另一种是反向散射耦合模式，适用于超高频段的射频识别系统应用。天线可视为阅读器和电子标签的空中接口，是 RFID 系统的一个非常重要的组成部分。

（三）RFID 产品分类

射频识别技术依据其标签的供电方式可分为三类，即无源 RFID、有源 RFID、半有源 RFID。

（1）无源 RFID。在三类 RFID 产品中，无源 RFID 出现时间最早、最成熟，其应用也最为广泛。在无源 RFID 中，电子标签通过接收射频识别阅读器传输来的微波信号，以及通过电磁感应线圈获取能量来对自身短暂供电，从而完成此次信息交换。因为省去了供电系统，所以无源 RFID 产品的体积可以达到厘米量级甚至更小，而且自身结构简单，成本低，故障率低，使用寿命较长，但作为代价，无源 RFID 的有效识别距离通常较短，一般用于近距离的接触式识别。无源 RFID 主要工作在较低频段 125kHz、13.56MHz 等，其典型应用包括：公交卡、二代身份证、食堂餐卡等。

（2）有源 RFID。有源 RFID 兴起的时间不长，但已在各个领域，尤其是在高速公路电子不停车收费系统中发挥着不可或缺的作用。有源 RFID 通过外接电源供电，主动向射频识别阅读器发送信号，其体积相对较大，但也因此拥有了较长的传输距离与较高的传输速度。一个典型的有源 RFID 标签能在百米之外与射频识别阅读器建立联系，读取率可达 1700B/s。有源 RFID 主要工作在 900MHz、2.45GHz、5.8GHz 等较高频段，且具有可以同时识别多个标签的功能。有源 RFID 的远距性、高效性，使得它在一些需要高性能、大范围的射频识别应用场合里必不可少。

（3）半有源 RFID。无源 RFID 自身不供电，但有效识别距离太短，有源 RFID 识别距离足够长，但需外接电源，体积较大，而半有源 RFID 就是为这一矛盾而妥协的产物。半有源 RFID 又叫作低频激活触发技术。在通常情况下，半有源 RFID 产品处于休眠状态，仅对标签中保持数据的部分进行供电，因此耗电量较小，可维持较长时间。当标签进入射频识别阅读器识别范围后，阅读器先以 125kHz 低频信号在小范围内精确激活标签使之进入工作状态，再通过 2.4GHz 微波与其进行信息传递。也就是说，先利用低频信号精确定位，再利用高频信号快速传输数据。其通常应用场景为：在一个高频信号所能覆盖的大范围中，在不同位置安置多个低频阅读器用于激活半有源 RFID 产品，这样既完成了定位，又实现了信息的采集与传递。

（四）RFID 技术特点及应用

通常来说，射频识别技术具有如下特性。

① 适用性：RFID 技术依靠电磁波，并不需要连接双方的物理接触。这使得它能够无视尘、雾、塑料、纸张、木材以及各种障碍物建立链接，直接完成通信。

② 高效性：RFID 系统的读写速度极快，一次典型的 RFID 传输过程通常不到 100ms。高频段的 RFID 阅读器甚至可以同时识别、读取多个标签的内容，极大地提高了信息传输效率。

③ 独一性：每个 RFID 标签都是独一无二的，通过 RFID 标签与产品的一一对应关系，可以清楚地跟踪每一件产品的后续流通情况。

④ 简易性：RFID 标签结构简单，识别速率高、所需读取设备简单。尤其是随着 NFC 技术在智能手机上逐渐普及，每个用户的手机都将成为最简单的 RFID 阅读器。

RFID 技术凭借其实时、准确地对高速移动目标的快速识别特性，将成为未来交通信息采集与监管的主要手段，它在交通管理中的广泛应用也必将成为未来智能交通的发展趋势。

RFID 技术可以用于交通信息的采集，如采集机动车流动、车辆平均车速、道路拥挤状况；智能交通控制，如交通信号优化控制、公交信号优化控制、特定区域出入管理；违章、违法行为检测，通过与视频监控、视频抓拍系统配合，通过 RFID 射频识别设备对过往车辆进行检测、抓拍和身份判别；高速公路自动收费系统；无钥匙系统；车牌自动识别系统等。

1. 汽车无钥匙系统

汽车无钥匙系统是由射频识别技术、无线编码技术等发展起来的，它的工作原理是当遥控钥匙的携带者进入距离车辆一定范围内，或者是按下车门上的触动开关，即可唤醒遥控钥匙控制模块。此时，遥控钥匙控制模块发射出低频信号，唤醒遥控钥匙。接着，遥控钥匙上的高频模块开始工作，发送出高频解码信号给接收天线，天线收到信号后传送给钥匙控制模块，微控制器首先查行密钥信息，如果正确就对钥匙进行区域检测，判断钥匙的位置，从而做出相应的动作，如对车门的开锁、闭锁等。如果密钥不正确，则不做任何动作。

汽车无钥匙系统是针对汽车便利性与安全性而设计的，它除了自动门禁功能外，针对车辆安全问题，它还能实现以下功能：

（1）自动落锁。当驾驶员进入车内启动车辆后，在车辆行驶前，各车门、车窗将会自动落锁，关闭好车门、车窗，这样可以防止一些意外情况的发生。

（2）自动辨识身份。车辆能自动辨识智能钥匙，车门打开，但智能钥匙却不在车内，车辆是无法启动的，如果此时有人试图启动车辆，车辆将马上报警。

（3）无线加密功能。由于采用最新的射频识别芯片，完全做到双向识别、动态密钥，解决遥控式钥匙遥控信号容易被破解的问题。

（4）整车防盗功能。无钥匙系统对油路、电路以及启动这三个点都进行锁定，其中任何一点的防盗器在没有正确密钥的情况下被拆除，车辆都将被锁死而无法启动。

2. 电子不停车收费系统

目前，高速公路电子不停车收费系统（ETC）已在全国推广使用。电子不停车收费系统是应用 RFID 技术，通过路侧天线与车载电子标签之间的专用短程通信，在不需要驾驶员停车和其他收费人员采取任何操作的情况下，自动完成收费处理全过程。通过应用电子不停车收费系统可以提高通过效率，是缓解收费站交通堵塞的有效手段。

ETC 系统的工作流程如下：

（1）存储有车型、车号、金额有效期等信息的射频电子标签卡被安装在汽车前方挡风玻璃内侧的左下角，以不遮挡驾驶员视线为准，当持卡车辆进入不停车收费车道时，阅读器读取该车射频电子标签卡上的信息（车型、车号、剩余金额和有效期等）。

（2）从车载射频电子标签卡读取的信息、所采集到的数据均被送到车道控制计算机内进行分析比较，再进行收费等一系列处理。

（3）如来车所持射频电子标签卡为有效卡，则通行。

（4）如来车所持射频电子标签卡为无效卡，则通行信号灯、自动栏杆关闭，转到人工收费进行处理。

七、智能网联汽车大数据平台

（一）大数据关键技术

大数据采集技术，是指从射频终端、传感器、互联网节点、移动网络节点等方式输入获得的结构化、半结构化及非结构化的海量数据的过程。常见的大数据采集方法包括系统日志采集、网络数据采集以及数据库采集。

大数据的抽取技术可以将采集到的多结构数据转化为单一的或便于分析的结构。大数据的清洗技术可以去除大数据中不具备分析价值、干扰项及与目标无关的数据。常见的大数据抽取及清洗技术包括，ETL 数据仓库技术、利用 Spark 框架清洗特殊数据、分析数据源及业务场景模型背景等手段。

数据挖掘技术就是从大量不完全的、有噪声模糊的、随机的实际应用数据中，提取隐含在其中的、人们事先不知道的、但又是潜在有用的信息和知识的过程。常见的数据挖掘方法包括：机器学习方法、统计方法、神经网络方法和数据库方法。根据挖掘任务又可分为分类或预测模型发现、数据总结、聚类、关联规则发现、序列模式发现、依赖关系或依赖模型发现、异常和趋势发现等。

（二）智慧交通大数据平台总体架构

智慧交通大数据平台总体架构如下。

（1）感知层和数据接入。实现对分布广泛、多源异构的海量交通数据的采集、汇聚、清洗。

（2）数据资源层。实现智慧交通大数据的存储与计算。大数据系统：利用分布式文件系统 HDFS 和分布式数据库 HBase 对采集到的海量多源异构交通数据进行存储；使用 MapReduce 计算框架和内存计算框架 Spark 对其进行快速计算。大数据的组织与分析：对采集到的海量多源异构数据进行语义化处理，并建立时空索引对其进行有效组织；利用数据关联和数据融合分析，综合出有用信息，并在此基础利用可视化技术和数据挖掘提取有价值的交通信息，为企业、政府部门和社会公众的决策提供有效支持。

大数据平台的数据库包括基础数据库、业务数据库和主题数据库。

① 基础数据库：企业基础数据库、从业人员基础数据库、场站基础设施数据库、车辆基础数据库、线路基础数据库、GIS 地理信息数据库。

② 业务数据库：运营计划管理数据库，运营服务管理数据库，企业经营状况数据库，车辆定位、运行动态数据库，运营安全管理数据库，能源消耗管理数据库。

③ 主题数据库：综合运行分析数据库、发展水平评价数据库、服务质量评价数据库、出行信息服务数据库。

④ 提供的服务信息：路况信息、客流信息、事故信息、能耗信息和链路速度等信息。

（3）应用层。通过计算和存储层，支撑公交都市应用中公交智能调度云服务、公交监测云服务和指挥交通云服务的运行。

（4）展现层。通过网站、移动互联网、数字广播等多种方式提供服务。

（5）用户层。智慧交通大数据平台向交通行业企业、政府部门和社会公众提供大数据平台的服务，实现应用的数据共享，使得交通数据资源被更好地使用。

（三）大数据平台功能设计

智慧交通大数据平台需要从城市路网、地面公交、轨道交通和出租汽车等收集多源的异构的数据，并进行数据关联、融合、语义化处理和建立索引，并通过可视化技术管理和监控平台。交通大数据处理分析后从基础、业务和主题数据库，提取路况信息、客流信息、事故信息、能耗信息和链路速度信息，用于智能调度、公交服务、检测和智慧交通云服务，并通过网站、移动互联网、数字广播等多种方式展示给服务人群，达到为业务管理部门、决策部门、交通运输企业和社会公众提供更有效的服务。平台的组成包括异构交通数据采集、大数据管理、语义化处理、数据监控等核心功能。

从功能设计的角度，智慧交通大数据平台不是通用性商业计算机平台，而是针对交通行业的定制研发。第一，因为历史的原因，传统各个细分智能交通系统大多各自独立运行，数据缺少统一的标准，这就要求交通大数据平台能适应这个客观情况，搭建符合国家标准规范的统一交通数据资源管理目录，并内置于这个平台，以方便传统各个智能交通系统的数据融合；第二，平台应能适应交通行业数据多源异构海量的特性，要具备交通数据的快速存储和计算能力，政府与公众需要及时准确的交通预测服务，而大多数交通预测的算法都需要历史数据的支撑，这就要求平台能将历史数据处理存储为当前数据；第三，平台应当内置智能交通一些成熟的算法或模型，如交通拥堵模型、能耗模型、实时公交模型、公交服务评价模型、仿真模型等，作为平台的基本组件，用户使用平台时，只要在这些组件之上做上层应用开发即可，除此之外，平台还应具备集成能力、自适应能力等。

（四）大数据在智能网联汽车的应用展望

1. 面向场景类

大数据云计算技术可基于车辆在特征道路环境、不同交通因素中的行驶特征和不同领域驾驶员的行驶需求，对于车辆危险的预警阈值、行驶策略进行适应性调整，以便预警效果能够更加符合相应领域状态下驾驶员的安全需要。基于地图大数据信息的挖掘和分析可以基于路况特征、车辆性能驾驶员操作习惯等因素提供节能减排、降低驾驶疲劳程度的行驶方案。大数据存储及管理技术可对于智能网联车载系统交互数据、控制系统数据的在线监控，提供车辆启动时的数据稳定性与可靠性检查、提供车载控制系统级安全性的在线检查。

对于商用车辆的管理，大数据技术的应用可以针对特定区域对不同车辆设定准入分级，设置电子围栏，如队列管理场景下的车辆进出队列的协调控制。对于物流等高强度运营车辆的位置、故障信息、行驶时间、时长、路线驾驶的信息进行采集、存储和分析，判断高危运营车辆是否出现违章和疲劳驾驶行为，并通过智能网联车辆的远程控制功能，根据大数据分析结果采取碰撞发生前的紧急制动等安全防护措施。对于突发交通事故，大数据技术通过对交管、医疗、保险等资源的有效调度，可以大幅提高道路安全救援、实时道路管理的管理效率。

2. 面向行业类

智能网联汽车后市场业务的发展，需要通过大数据技术进行大规模机器学习和深度学习等技术，对驾驶行为数据、车辆性能数据、车辆从开发到销售的一系列数据以及车主人物画像、基于网联车辆的互联网行为等数据进行处理、分析和挖掘，提取数据中所包含的对不同行业有价值的信息和知识，使数据智能化，并通过建立模型寻求个性化保险、个性化销售、流程优化、个性化产品等行业市场的解决方案以及实现预测等。

■ 单元小结

本单元首先介绍了智能网联汽车无线通信系统的组成及分类，之后分别介绍了专用短程通信技术、蓝牙技术、ZigBee 技术、Wi-Fi 技术、RFID 技术等的定义、特点及技术应用，最后介绍了智能网联汽车大数据平台，讲解了大数据关键技术、大数据平台的总体架构、功能设计及未来的应用展望。

■ 课后习题

一、填空题

1. 无线通信系统一般由_____、_____和_____组成。
2. 蓝牙在汽车上的应用有_____、_____、_____、_____、_____等。
3. 根据信道路径和传输方式的不同，无线通信可以分为_____、_____、_____和_____等。
4. DSRC 通信和 LTE-V 通信主要应用于智能网联汽车的_____通信。
5. 典型的移动通信系统通常由_____、_____、_____等组成。

二、选择题

1. DSRC 通信要求车-车通信单跳距离可达_____。
   A. 100m B. 200m
   C. 300m D. 400m
2. 不属于短距离通信的是_____。
   A. ZigBee B. Wi-Fi
   C. 5G D. UWB
3. 不属于远距离无线通信的是_____。
   A. 移动通信 B. 微波通信
   C. 卫星通信 D. LTE-V 通信
4. 盲区预警/变道辅助使用的通信类型是_____。
   A. V2V B. V2I
   C. V2P D. V2N
5. 前方拥堵提醒使用的通信类型是_____。
   A. V2V B. V2I
   C. V2P D. V2N

三、简答题

1. 简述无线通信系统的基本组成。
2. 无线通信的最高目标是什么?
3. DSRC 通信主要支持哪些业务?
4. 简述蓝牙技术的定义及组成。
5. 简述 RFID 技术的定义及组成。

单元七　课后习题-参考答案

单元八
先进驾驶辅助系统（ADAS）

学习导入

随着汽车电动化、智能化、网联化发展，汽车智能技术日趋成熟，无人驾驶也被各大汽车企业广泛搭载并广泛应用。因此，了解并掌握无人驾驶的相关系统知识，对汽车的智能网联化理论知识的学习和应用将有很大的帮助。那么，先进驾驶辅助系统（Advanced Driver Assistant System，ADAS）的基本概念是什么？ADAS 有哪些功能呢？ADAS 的发展现状及前景如何呢？让我们从本单元出发，去体会 ADAS 的乐趣！

学习目标

（1）掌握 ADAS 的基本含义。

（2）熟悉 ADAS 功能及分类解析。

（3）熟悉 ADAS 的组成及基本逻辑。

（4）熟悉当前 ADAS 在汽车中的应用车型及自动驾驶功能。

（5）熟悉当前智能网联汽车的应用车型及自动驾驶功能。

（6）先进驾驶辅助系统旨在通过传感器与智能决策算法提高汽车的行驶安全性，保障驾驶员和乘客的安全。通过本单元内容的学习，强化"以人为本"的安全工作理念。

一、ADAS 基本概念

ADAS 是利用安装于车上的各式各样的传感器，在汽车行驶过程中第一时间收集车内外的环境数据，进行静态、动态物体的辨识、侦测与追踪，并结合导航仪地图数据，进行系统的运算与分析，从而预先让驾驶者在最短的时间察觉可能发生的危险，以引起注意和提高安全性的主动安全技术，有效增加汽车驾驶的舒适性和安全性。

ADAS 采用的传感器主要有摄像头、雷达、激光和超声波等，可以探测光、热、压力或其他用于监测汽车状态的变量，通常位于车辆的前后保险杠、侧视镜、驾驶杆内部或者挡风玻璃上。早期的 ADAS 技术主要以被动式报警为主,当车辆检测到潜在危险时,会发出警报提醒驾车者注意异常的车辆或道路情况。对于最新的 ADAS 技术来说,主动式干预也很常见。图 8-1 为先进驾驶辅助系统(ADAS)功能。

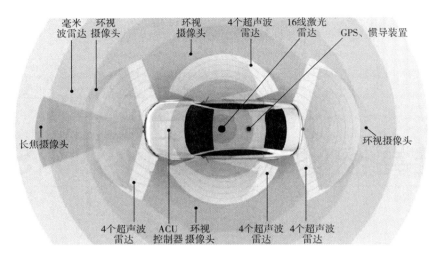

图 8-1　先进驾驶辅助系统功能图

驾驶辅助系统主要由 GPS 和 CCD 相机探测模块、通信模块和控制模块等组成。其中,GPS 和 CCD 相机探测模块通过 GPS 接收机接收 GPS 卫星信号,求出该车的经纬度坐标、速度、时间等信息,利用安装在汽车前部和后部的 CCD 相机,实时观察道路两旁的状况;通信模块可以发送检测到的相关信息并在相互靠近的汽车之间实时传输行驶信息;控制模块可以在即将出现事故的时候进行主动控制,从而避免事故的发生。

二、ADAS 功能

(一)ADAS 功能概述

常用的 ADAS 通常包括导航系统、实时交通系统(TMC)、电子警察系统(ISA)、自适应巡航(ACC)、车道保持系统(LCA)、车道偏移报警系统(LDWS)、车道偏离预警(LDW)、碰撞避免或预碰撞系统、前向碰撞报警系统(FCWS)、后碰撞报警(Rear Collision Warning,RCW)、夜视系统、交叉车流报警(Cross Traffic Alert,CTA)、自适应灯光控制、行人保护系统、自动泊车系统、交通标志识别、盲点探测(Blind Spot Detection,BSD)、驾驶员疲劳探测、下坡控制系统、电动汽车报警系统。其中,现在比较主流的应用有 ACC、BSD、LCA、CTA、FCW、RCW 等。

(二)ADAS 技术发展路线及其类别

ADAS 的发展遵循"感知预警-主动控制-无人驾驶"路线。ADAS 技术作为无人驾驶的过渡形态，其系统构成亦可以根据功能分作感知、控制、执行等模块。在汽车技术发展和研发测试中，感知模块最先发展成熟，应用于汽车中发挥感知预警功能，对驾驶者未察觉的危险交通、道路情况进行警告，或辅助驾驶者驾驶行为、改善其驾驶感受；随后控制与执行模块得以发展，在感知预警的基础上实现部分主动控制。因而，根据 ADAS 技术发展路线和 ADAS 实现功能性质不同，可以分为识别预警类 ADAS、自主控制类 ADAS、辅助类 ADAS 三个类别。

识别预警类 ADAS 最先在车辆上得到应用的系统，通过各类传感器获取路面、车辆与行人或车内信息，对驾驶员进行信息反馈。识别预警类 ADAS 部分功能在汽车后市场已经开始使用。识别预警类 ADAS 的代表性产品有 Mobileye 系列产品。该系列产品主要通过车载摄像头集成行人检测、车道偏离预警、交通标志识别等多项功能。根据识别预警类 ADAS 各细分功能所主要使用到的传感器类型，可以将其分为视觉系、雷达系和车内辅助三类。视觉系 ADAS 通过车载摄像头获取路面信息，可通过单/双目摄像头传感器实现的系统包括：车道偏离警示系统（LDW）、交通标志识别系统（TSR）、与行人碰撞预警系统（PCW）、360°全景影像系统（MVC）、夜视辅助（NV）等。雷达系 ADAS 是以毫米波雷达、超声波雷达或单线激光雷达传感器为主要的感知模块，主要包括前向防碰撞预警系统（FCW）、盲区检测系统（BLIS）、泊车辅助（PA）。

主动干预类 ADAS 在识别类 ADAS 基础上，引入了对汽车运动单元的控制，实现了部分功能的自动驾驶，离无人驾驶的终极形态更近一步，这一类系统多由视觉＋雷达传感器为主要感知模块，主要有自动紧急刹车系统（AEB）、车道保持辅助系统（LKA）、自动停车系统（APS）、自适应巡航系统（ACC）以及主动变道系统（ILC）等。

辅助类 ADAS 主要有抬头显示系统（HUD）、驾驶员疲劳驾驶预警系统（BAWS）等改善驾驶体验的 ADAS。

（三）ADAS 功能分类解析

1. 识别预警类 ADAS

（1）车道偏移报警系统（Lane Departure Warning System，LDWS）。LDWS 是一种通过报警的方式辅助驾驶员减少汽车因车道偏离而发生交通事故的系统。LDWS 可确保车辆高速行驶时更加安全，避免驾驶员因注意力不集中、疲劳驾驶等原因带来的危险。该系统由图像处理芯片、控制器、传感器等组成。图 8-2 为车道偏移报警系统示意图。

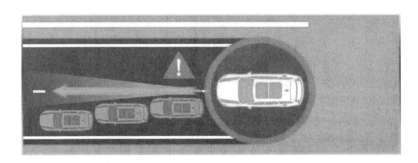

图 8-2 车道偏移报警系统示意图

LDWS工作原理是运用在车身侧面或后视镜的摄影机,采样目前行驶车道的标识线,再通过图像处理取得当前汽车在车道的位置,这时只要检测到汽车偏离车道,控制器就会发出警报信号,从感测到发出警报,只需约0.5s的时间,以实时提醒、叫醒驾驶员,避免发生意外。系统起作用的条件是车速大于60km/h。

车道偏移报警系统主要功能有:

① 可检测本车在车道内的位置,当预测到本车即将偏离车道行驶时,可向驾驶员发出警告;

② 在没有打转向灯的前提下,本车偏离当前车道时,LDWS会向驾驶员发出警报;

③ 如果在换道时使用方向灯,则不发出警报;

④ 在夜晚、雨雪等状况下(应该是非特别极端天气),检测出各种车道标志和路边标识;

⑤ 在直路与弯道上都能工作,但在视野很差的条件下,自动关闭,并给出提示。

(2) 前向碰撞报警(Forward Collision Warning,FCW)系统。由安装在车头的雷达,侦测自车和前方车辆的距离及速度,初期会发出警告声来提醒驾驶员注意车距,若车距依然持续拉近,车辆便会先自动轻踩刹车,并轻拉安全带2~3次,警告驾驶员,若系统判定追撞是没办法避免时,启动自动紧急刹车(AEB)后,会同时立刻拉紧安全带固定驾驶员,降低意外发生后的伤害。

FCW作用条件是车辆时速为0~60km/h。FCW可检测前车的运动状态,当有碰撞的危险时,可向驾驶员发出警告。当可能与前方车辆发生碰撞时,FCW将在发生碰撞前最多2.7s发出警报,以避免车祸发生。因此,FCW要检测出前方车辆或行人的距离及相对速度。其中,城市前碰撞警告(Urban Forward Collision Warning,UFCW)用于城市道路低速行驶时,对于车前即将发生的危险发出警告。图8-3所示为前向碰撞报警(FCW)系统。

图 8-3 前向碰撞报警(FCW)系统

(3) 车距检测及警告(Headway Monitoring & Warning,HMW)系统。HMW系统用于检测本车与前车的车距,在车距过近的情况下向驾驶员发出警报。

HMW 系统和 FCWS 均通过检测本车与前车的车距，在车距过近的情况下向驾驶员发出警报。两种系统的区别在于 HMW 系统的车距时间和 FCW 的碰撞时间（TTC）计算方式不同。HMW 系统中，Headway 车距时间＝两车车距/本车的车速。FCWS 中，FCW 的碰撞时间（TTC）＝两车车距/两车的相对车速。

例如，当前、后两车的距离为 20m，前车的车速为 60km/h，后车的车速为 80km/h 时，HMW 显示的时间就是 1.2s，而 FCW 显示的时间是 3.6s；如果前后车的车速都为 60km/h，那么 HMW 显示的时间同样是 1.2s，而 FCW 不会报警，因为两车虽然距离很近，但是速度相同，并不会追尾。所以，在前后车都处于运动状态时，FCW 的碰撞时间一般要长于 Headway 车距时间。

在实际场景中，HMW 主要在车距近的情况下报警，可以帮助驾驶员养成开车保持车距的规范驾驶习惯，我们将其定义为"危险不紧急"型功能；而 FCW 主要针对前后两车距离较近且存在较大速度差的紧急情况，如前车急刹，属于"危险且紧急"型功能。

（4）后碰撞报警（Rear Collision Warning，RCW）系统，见图 8-4。

图 8-4　后碰撞报警系统

（5）交叉车流报警（Cross Traffic Alert，CTA）。

（6）行人探测与防撞警示（Pedestrian Collision Warning，PCW）。PCW 可以时刻监测车辆前方行人的情况，当车辆与行人距离过近有碰撞可能时，PCW 将会警示驾驶员及时减速。PCW 可以大幅度提高车辆和行人的安全性，其作用条件为车辆时速在 0～60km/h 范围。PCW 如图 8-5 所示。

图 8-5　行人探测与防撞警示

（7）行人检测系统（Pedestrian Detection System，PDS）。PDS 通常整合到碰撞预防系统当中，利用雷达摄像头和感应器来检测行人，并及时减速刹车从而减少事故伤害。PDS 如图 8-6 所示。

单元八　先进驾驶辅助系统（ADAS）　133

图 8-6 行人检测系统

一般的 PDS 要区分出走路的人和静止的人,并给出行人的位置和速度,如果行人在车辆行驶路线上,能给出重点提示及碰撞时间。现实中,人有走、跑、带着东西、推车等形态和动作,PDS 都要能处理这些状况,特别是人群检测,为避免重大事故,PDS 要给出额外的提醒。检测人行道、行人的动作和姿势,对汽车行驶的安全也有重要意义。

部分行人检测系统带有自动刹车功能。这种行人检测系统由集成在车辆格栅中的雷达传感器、安装在内部后视镜前方的摄像机以及中央控制单元组成。雷达传感器检测到汽车前方的任何物体,并确定汽车与该物体之间的距离。摄像头具有很高的分辨率,能够检测行人的运动模式和判断汽车前方物体的类别。如果雷达和摄像机都确认了图像,则自动制动系统可以施加全制动。在紧急情况下,行人走进车道,驾驶员首先会收到与挡风玻璃平视显示器中闪烁的灯光有关的声音警告。如果驾驶员对声音警告没有反应,并且将要发生事故,则会自动施加全部制动力,但是,由于该系统在黑暗或恶劣天气下的成像能力有限,因此存在一些局限性。

(8) 交通标志识别(Traffic Sign Recognition,TSR)。TSR 能识别路上的交通标志牌,如限速标志,包括固定或非固定的 LED 标志。这些信息还可以与导航地图信息相融合,提供更精确的信息。技术要点主要在于图像处理,以及标志结构信息的提取与识别。

交通标志识别功能使用前摄像机结合模式识别软件,可以识别常见的交通标志(限速、停车、掉头等)。这一功能会提醒驾驶员注意前面的交通标志。TSR 功能降低了驾驶员不遵守停车标志等交通法规的可能,避免了违法左转或者无意的其他交通违法行为,从而提高了安全性。这些系统需要灵活的软件平台来增强探测算法,根据不同地区的交通标志来进行调整。

(9) 盲点探测系统(Blind Spot Detection System,BSDS)。汽车驾驶员的盲点是指三面后视镜左面、右面、内看不到的区域,它也是在众多事故中,常发生意外的区域之一。所谓盲点监测,就是运用超声波雷达和传感器,来侦测本车两侧后方 3m×3m 的视野盲区,相邻车道后方有没有车子在靠近,以及后视镜盲区里有没有车子。当车辆不变道时,盲区范围内有车靠近或者盲区里有车的时候,监测系统就会通过声音、灯光等方式向驾驶员提供警示,帮助驾驶员将发生意外的概率降至最低。当车辆需变道,且盲区范围内也存在行驶车辆时，系统会提醒驾驶员注意并线安全。BSDS 可以大幅提升车辆并线时的安全性，减少事故发生概率，如图 8-7 所示。系统作用条件是车速大于 30km/h。

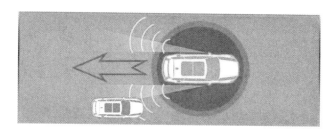

图 8-7　盲点探测系统

（10）夜视系统（Night Vision System，NVS）。该系统是一种源自军事用途的汽车驾驶辅助系统。在这个辅助系统的帮助下，驾驶者在夜间或弱光线的驾驶过程中将获得更高的预见能力，它能够针对潜在危险向驾驶者提供更加全面准确的信息或发出早期警告，如图 8-8 所示。

图 8-8　夜视系统

NVS 可以在视线不明、看不清楚的夜晚或恶劣天气时，自动识别动物或大型异物，同时警告驾驶者前方路况，以避免意外的发生。辨别方式是以红外线来感知热量的不同，区分人、动物、车辆以及环境的差异，经过处理转变成图像，将原本看不清楚的物体清楚呈现在驾驶者眼前，以降低行车风险。

（11）电动汽车报警（Electric Vehicle Warning Sounds，EVWS）。EVWS 是一种安装在车上的报警装置。如果有人击打、撞击或移动汽车，传感器就会向控制器发送信号，指示震动强度。根据震动的强度，控制器会发出表示警告的声音或者全面拉响警报，以此来震慑偷盗者，并提示通知车主。

（12）车辆检测（Vehicle Detection，VD）。在仅基于视觉的模式下，VD 目前要能检测 70m 远的车辆，并能持续跟踪到 100m 开外。但在大雾、极端天气及摄像头被阻挡的情况下，VD 是不可用的，但能提示用户不可用。

2. 自主控制类 ADAS

（1）自适应巡航控制（Adaptive Cruise Control，ACC）系统。ACC 是在早已存在的巡航控制技术的基础上发展而来的，一般都基于雷达技术或激光技术，现在可以基于视觉/相机技术。

该系统是一种智能化的自动控制系统，可根据驾驶员设定的目标速度及与前车的相对距离，自动调整车速，ACC 在一定程度上减轻驾驶员驾驶的疲劳。ACC 在车辆时速 30～150km/h 时，该功能才能激活。

在车辆行驶过程中，安装在车辆前部的车距传感器（雷达）持续扫描车辆前方道路，同时轮速传感器采集车速信号。当与前车之间的距离过于小的时候，ACC 控制单元可以通过与制动防抱死系统、发动机控制系统协调动作，使车轮适当制动，并使发动机的输出功率下降，以使车辆与前方车辆始终保持安全距离。

自适应巡航控制系统在控制车辆制动时，通常会将制动减速度限制在不影响舒适的程度，当需要更大的减速度时，ACC 控制单元会发出声光信号通知驾驶者主动采取制动操作。当与前车之间的距离增加到安全距离时，ACC 控制单元控制车辆按照设定的车速行驶。图 8-9 是自适应巡航 ACC 工作示意图。

图 8-9　自适应巡航 ACC 工作示意图

（2）自动紧急制动（Advanced/Automatic Emergency Braking，AEB）系统（图 8-10）。AEB 是一种汽车主动安全技术。该系统在驾驶者无法通过自身能力避免碰撞时通过系统干预，降低事故的严重程度。

AEB 主要由三大模块构成，包括控制模块、测距模块、制动模块。其中测距模块的核心包括毫米波雷达、摄像头等，它可以提供安全、准确、实时的前方道路图像和路况信息。AEB 系统通过前毫米波雷达监测车前方车辆或者障碍物的距离，然后利用数据分析模块将测出的距离与警报距离、安全距离进行比较。当监测到小于警报距离时就进行警报提示，而小于安全距离时即使在驾驶员没有来得及踩制动踏板的情况下，AEB 系统也会启动，使汽车自动制动，从而为安全出行保驾护航。AEB 可以最大限度避免与其他车辆或行人发生碰撞，确保行驶安全。AEB 系统起作用的条件为车辆时速 0～35km/h 范围内避免碰撞。

（3）车道保持系统（Lane Keeping System，LKS）。LCA 属于智能驾驶辅助系统中的一种。它可以在车道偏离预警系统（LDWS）的基础上对刹车的控制协调装置进行控制；可

图 8-10 自动紧急制动

检测本车在车道内的位置，并可自动调整转向，使本车保持在车道内行驶。

对车辆行驶时借助一个摄像头识别行驶车道的标识线将车辆保持在车道上提供支持。如果车辆接近识别到的标识线并可能脱离行驶车道，那么会通过方向盘的振动，或者是声音来提请驾驶员注意。目前该系统主要应用于结构化的道路上，如高速公路和路面条件较好（车道线清晰）的公路上行驶。当车速达到 65km/h 或以上才开始运行。图 8-11 为车道保持系统（LCA）工作过程图。

图 8-11 车道保持系统（LCA）工作过程图

（4）碰撞避免或预碰撞系统（Collision Avoidance System 或 Precrash System，CAS）。系统能自动探测前方障碍物，测算出发生碰撞的可能性。若系统判断碰撞的可能性很大，则会发出警报声。系统还可通过自动调节一系列安全系统：预碰撞刹车辅助系统、紧急转向辅助系统、汽车动态综合管理系统来尽可能避免碰撞。若系统判断碰撞不可避免，则会预先收紧前座安全带、启动刹车来最大限度地减轻损伤。

（5）自适应灯光控制（Adaptive Light Control，ALC）也叫智能远光灯控制（Intelligent High Beam Control，IHC）或远光自动控制。

ALC 是根据车速、打方向的角度而自动调整近光灯转向角度，扩大车辆转弯时有效照明范围。自动水平调节功能可确保无论承载情况如何，灯光始终照向前方地面；在黑暗的道路上、附近没有车辆的情况下，可对车辆的前大灯进行控制，将其由近光灯自动切换成远光灯。

ALC 要考虑两种情况：迎面开来的车与前方同向行驶的车。对于迎面开来的车，在一定距离时，如 800～1000m，识别出其前向大灯，就将远光灯改为近光灯，而等交会过后，恢复远光灯。对于前方同向行驶的车，可以识别其尾灯，在接近一定距离时，将远光灯改为近光灯，同理，也可以将近光灯改为远光灯。因此，该系统也可以叫前照灯自动调节系统。该系统可依照不同的路况、环境、车速及天气状况，自动调整车灯的照明范围及角度，让车灯照射范围可以更深远，同时又不会影响到其他路人的视线，以提供驾驶人与对向来车之间更安全及舒适的照明，从过去的 AFS 主动转向式头灯，到现在结合传感器的多颗 LED 智能型头灯，都是属于此系统的范畴。

（6）泊车辅助系统（Parking Assistance System，PAS）。该系统可辅助驾驶员进行泊车。自动泊车系统就是不用人工干预，可以使汽车自动地以正确的停靠位泊车。该系统包括环境数据采集系统、中央处理器和车辆策略控制系统。环境数据采集系统又由图像采集系统和车载距离探测系统组成。

自动泊车系统通过安装在车身上的摄像头、超声波传感器以及红外传感器，探测停车位置，绘制停车地图，并实时动态规划泊车路径，将汽车指引或者直接操控方向盘驶入停车位置。该系统目前广泛应用在大众途安、帕萨特、斯柯达昊锐、丰田皇冠、奔驰、宝马、雷克萨斯 LS 等车型。图 8-12 为自动泊车示意图。

图 8-12　自动泊车示意图

（7）下坡辅助控制（Hill Descent Control，HDC）或 DAC（Down-hill Assist Control，DAC）系统。DAC 与发动机制动的原理相同，为了避免制动系统负荷过大，减轻驾驶员负担，下坡辅助控制在分动器位于 L 位置；车速 5～25km/h 并打开 DAC 开关的条件下，不踩加速踏板和制动踏板，下坡辅助控制系统可以自动把车速控制在适当水平。下坡辅助控制系统工作时停车灯会自动点亮。DAC 系统的出现能使车辆以恒定低速行驶，防止车轮锁死，同时可以大大降低车辆在坑洼路面下坡时产生的震动，从而确保了行驶的稳定性并提高驾乘舒适性。

（8）智能速度辅助系统（Intelligent Speed Assistance，ISA）。ISA 系统是一种车载系统，它使用与该特定位置的有效速度限制有关的网络中车辆位置的信息。ISA 可以支持驱动程序，以帮助驾驶者遵守网络中所有地方的速度限制。ISA 确保驾驶者在法定限速内行驶，有效避免驾驶者在无意识情况下的超速行为。该系统可获取当前路段的限速信息，当本车超速行驶时，可提醒驾驶员或自动减速。

（9）换道辅助（Lane Change Assistance，LCA）系统。LCA 系统可监控车辆后方驾驶

员视野盲区内的范围,当有其他车辆对本车的换道造成危险时,可向驾驶员发出警告,如图 8-13 所示。

图 8-13 换道辅助(LCA)系统

3. 辅助类 ADAS

辅助类 ADAS 主要有抬头显示系统(HUD)、驾驶员状态监控系统(DCW)、全景影像系统(SVM)等改善驾驶体验的 ADAS 系统。

(1) 抬头显示系统(Head-Up Display,HUD)。该系统把汽车行驶过程中仪表显示的重要信息(如车速、导航等)投射到前挡风玻璃上,不仅能够帮助对速度判断缺乏经验的新手控制自己的车速,避免在许多的限速路段中因超速而违章,更重要的是它能够使驾驶员在大视野不转移的条件下瞬间读数,始终头脑清醒地保持最佳观察状态。

(2) 驾驶员状态监控系统(Driver Condition Warning,DCW)。该系统可通过监控驾驶员的眼部或头部运动来判断驾驶员的疲劳状态,当发现驾驶员疲劳驾驶时,可向驾驶员发出警告。

现阶段装备于车辆的驾驶员状态监控系统主要通过图像分析对驾驶员脸部与眼睛特征进行疲劳评估。系统利用摄影机侦测驾驶员脸部,判断专注力程度、是否有打瞌睡的象征,还有系统更是利用驾驶员眼睛开闭频率情况,来辨别安全等级,提供适合的警告或是协助动作,如果驾驶员的脸部表情变化减少,甚至出现闭眼的情况,车辆就会透过声响与灯信号来警示车主注意,以减少意外事故发生。

(3) 全景影像系统(Surround View Monitor,SVM)。该系由安装在车身前后左右的四个超广角鱼眼摄像头,同时采集车辆四周的影像,经过图像处理单元畸变还原──视角转化──图像拼接──图像增强,最终形成一幅车辆四周无缝隙的 360°全景俯视图。在显示全景图的同时,也可以显示任何一方的单视图,并配合标尺线准确地定位障碍物的位置和距离。

(4) 实时交通系统(Traffic Message Channel,TMC)。该系统是欧洲的辅助 GPS 导航的功能系统。它是通过 RDS 方式发送实时交通信息和天气状况的一种开放式数据应用。借助于具有 TMC 功能的导航系统,数据信息可以被接收并解码,然后以用户语言或可视化的方式将当前旅行路线相关的信息展现给驾驶员。

(5) 电子警察系统（Intelligent Speed Adaptation，ISA）。我国道路交通管理系统中的"电子警察"是随着科技的发展而产生的，是一个时代的产物。它作为现代道路交通安全管理的有效手段，可以迅速地监控、抓拍、处理交通违章事件，迅速地获取违章证据，提供行之有效的监测手段，为改善城市交通拥堵现象起到了重要的作用。

(6) 车联网系统（Vehicular Communication Systems，VSA）。该系统由车辆位置、速度和路线等信息构成的巨大交互网络。通过 GPS、RFID、传感器、摄像头图像处理等装置，车辆可以完成自身环境和状态信息的采集；通过互联网技术，所有的车辆可以将自身的各种信息传输汇聚到中央处理器；通过计算机技术，这些大量的车辆信息可以被分析和处理，从而计算出不同车辆的最佳路线、及时汇报路况和安排信号灯周期。

(7) 增强现实导航（Augmented Reality Navigation，AR NAVI）。增强现实导航是将普通导航仪与摄像头结合，AR NAVI 不仅用前向摄像头将车前的路况录下来，而且根据导航地图的信息，在视频上画出虚拟线路箭头，显示导航相关信息。若 AR NAVI 与 PED、VD、LDW 等应用结合，其功能会得到进一步增强。

导航是一个研究领域，重点是监测和控制工艺或车辆从一个地方移动到另一个地方的过程。导航领域包括四个一般类别：陆地导航、海洋导航、航空导航和空间导航。

(8) 行人保护系统（Pedestrian Protection System）。行人保护系统对于最基本的行人保护技术，主要涉及车身吸能材料的应用，如吸能保险杠、软性的引擎盖材料、大灯及附件无锐角等。其中，在发动机舱盖断面上采用缓冲结构设计，则是国内汽车厂商较为常见的做法。

三、ADAS 发展现状与趋势

（一）ADAS 发展现状

未来科技进步趋势将从互联网向物联网发展，智能驾驶是"万物互联"的最好载体，无人驾驶是汽车智能的终极发展方向。ADAS 是智能驾驶汽车的关键落地点，模块化分类主要有以下几种：车道偏离预警（LDW）、车道保持辅助（LKA）、紧急自动刹车（AEB）、智能远光灯（IHC）、自动泊车（AP）等。目前 ADAS 在国内外都属于研究阶段，只有一些高端车有了部分的技术储备，例如：丰田的公路自动驾驶辅助 AHAC、特斯拉的自动巡航 Autopilot、通用的 Super Cruise。

（二）ADAS 市场格局分析

智能驾驶技术未来的空间格局呈现金字塔结构。

(1) 传统车企掌握着汽车生产资质和整车控制集成的核心竞争，科技型企业或者研究所凭借在人工智能、人机交互方面的优势抢占一部分市场份额。

(2) ADAS 供应商利用掌握的感知识别算法等为车企和科技型公司提供 ADAS 系统解

决方案。金字塔结构为：底层零部件诸如雷达、摄像头、芯片、电子刹车等，都掌握在供应商的手上，比较分散，其核心价值在于市场份额占据比例；塔尖的传统车企与科技公司，一般都会以合作的方式，核心产品大多为无人驾驶汽车这种涉及汽车生产资质与人工智能高端、核心算法的结合领域；中间层的 ADAS 研究是衔接二者的一个关键落地点。底层零部件是 ADAS 实现的载体，无人驾驶汽车是 ADAS 的高度集成。

（3）ADAS 技术领域的研究不仅仅可以作为塔尖与塔底的结合点，还可以通过 ADAS 技术的逐步深入研究与系统化集成，逐渐成为屹立于塔尖的科技型企业，从而实现整个技术点在质上的飞跃与创新。

基于以上关于 ADAS 的初步讨论，显而易见，汽车行业的创新点都在智能驾驶方面，而 ADAS 又是智能驾驶的核心（不仅是人工智能的一个衔接点，而且也表现了其巨大的潜在升值空间）。ADAS 的核心点，主要在基于摄像头的处理算法上，包括目标识别、音视频处理技术、预判性避障、系统的高度集成化等因素，而这些技术的最大创新点都集中在音视频处理算法的实时性上，这是最大、最难、最前沿的创新技术点。

ADAS 通常由多个配套系统协调而成如图 8-14 所示，具体可分为：自适应巡航（ACC）系统、车道偏移报警系统（LDWS）、车道保持系统（LKA）、前撞预警系统（FCWS）、自动紧急制动（AEB）、夜视系统（NVS）、盲点探测（BSD）系统、全景泊车系统（SVC）。ADAS 系统通常被视为汽车实现完全自动驾驶的前提。

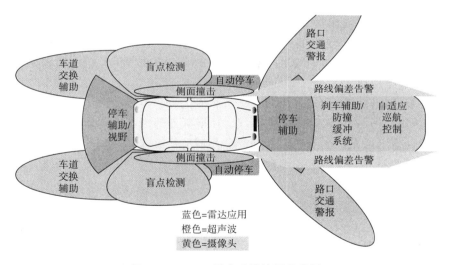

图 8-14　ADAS 配套系统协调示意图　　　　　　　　　　彩图

ADAS 市场高速成长。据估计，2025 年全球 ADAS 市场规模将达 275 亿欧元，2015～2025 年均复合增长率高达 17%，如图 8-15 所示。

市场集中度高。当前，大型汽车零部件供应商，如大陆集团、德尔福、电装、法雷奥等占据了 60% 以上市场份额，市场集中度非常高。

芯片、核心算法掌握在少数公司手中。芯片、核心算法在 ADAS 应用中至关重要，其门槛高、行业集中度高，目前主要被 Mobileye、ADI 等少数公司掌握。

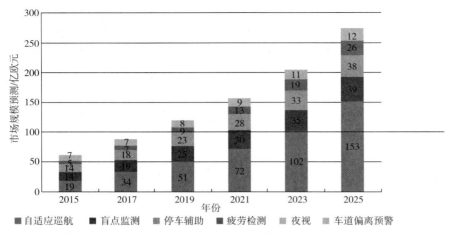

图 8-15 全球 ADAS 市场规模预测

彩图

（三）关于 ADAS 未来发展趋势的思考

思考 1：摄像头与融合方案，哪一种将是主流？

目前，市面上 90% 的 ADAS 应用都是采用的单摄像头方案。出现这种情况的原因有两个：一是成本，二是开发门槛。相较于摄像头，雷达的成本长期以来居高不下，因此，一直未能被大规模使用。另外，毫米波雷达的技术门槛较高，主要掌握在博世、德尔福等少数行业领先公司手中。

单纯的摄像头方案或者单纯的雷达方案，都有其天然的优势和不足。摄像头方案的优势在于成本较低，开发门槛相对较低。其缺陷是受天气、环境等外部因素影响大，算法稳定性较差。雷达的优势在于，稳定可靠，受天气等影响较小，不足是成本高、缺乏辨识能力。因此，采用毫米波雷达＋摄像头的融合方案，综合利用多个传感器的信息进行感知与决策，或许才会是未来的主流。

思考 2：专用芯片与通用芯片，谁将胜出？

Mobileye 的技术路线是自己设计专用硬件芯片，并独立开发自己的 ADAS 算法，固然有其成本、性能等综合优势，但是开发周期过长、技术门槛较高。使用 NVIDIA、TI 等公司推出的通用芯片来运用于 ADAS 行业，其优势在于大幅缩短开发时间，加速产品上市。

单元小结

本单元重点讲述了 ADAS 的基本概念、ADAS 系统功能及类型、ADAS 的技术路线和技术特点、ADAS 的系统组成及基本逻辑、ADAS 的应用发展趋势及其技术现状，为后续深入学习 ADAS 的系统原理奠定了基础。

课后习题

一、名词解释

1. ADAS。

2. 车道偏移报警系统。

3. 车载网联系统。

4. 行人保护系统。

二、填空题

1. ADAS 的发展遵循"＿＿＿＿＿、＿＿＿＿＿、＿＿＿＿＿"路线。

2. 根据 ADAS 技术发展路线和 ADAS 实现功能性质不同，可以分为识别＿＿＿＿＿、＿＿＿＿＿、＿＿＿＿＿三个类别。

3. ADAS 的基本组成有＿＿＿＿＿、＿＿＿＿＿、＿＿＿＿＿。

三、简答题

1. 汽车 ADAS 技术路线主要是什么？

2. 驾驶辅助系统的组成与工作原理是什么？

3. ADAS 的基本车载自组织网络的路由协议主要有哪些？

单元八　课后习题-参考答案

单元九
智能网联汽车测试评价与标准法规

学习导入

  智能网联汽车由于其跨传统汽车电子、信息通信、人工智能等多领域，集成端-管-云多系统，耦合人-车-交通多维度，带来了功能与信息安全性、环境适应性、人机相容性等新问题。一方面，传统汽车的测试方法不能满足智能网联汽车开发和认证的需求，需要建立完整的智能网联汽车测试与评价方法体系及支撑工具平台；另一方面，智能网联汽车作为汽车与信息通信产业交融的产物，涉及电子、信息、通信、交通、地理测绘等多个领域。从智能网联汽车自身技术而言，需要满足汽车、电子信息、通信等领域产品制造的法律法规要求；从行驶环境而言，必须要符合国家道路交通安全方面的法律法规规定；从管理角度而言，也同样要满足政府行政管理的相关法律法规要求。因此，与其相关的法律法规和规章制度涉及的范围广、跨度大、各政府机构职责交叉多。

学习目标

  (1) 熟知智能网联汽车测试与评价技术。
  (2) 掌握智能网联汽车评价。
  (3) 掌握智能网联汽车技术标准和法规。
  (4) 车辆若要在各种道路交通状况和使用场景下都能够安全、可靠、高效地运行，就必须进行大量的测试验证。通过本单元测试评价方法的学习，培养"实践出真知"的价值观。

一、智能网联汽车测试与评价技术概述

（一）智能网联汽车测试目的及意义

1. 智能网联汽车测试目的

  智能网联汽车的测试目的是测试汽车零部件和整车的功能、性能是否符合一定的要求，

或者与其他汽车相比,是否具备更佳的性能等。智能网联汽车测试主要有符合性测试、比对测试和研发测试三种。

(1) 符合性测试。对于符合性的定义,在不同的标准中表述有所不同,在此所谈到的符合性指的是产品、过程或服务及有关结果是否符合指定的规范要求,多指标准符合性测试。标准符合性测试是依据一个标准的描述对标准的某个实现进行测试,判别一个标准的实现与所对应的标准描述是否相一致。通常可以根据符合性测试的结果评价该实现是否符合既定的目标。若测试结果认定目标没有实现,则须对标准符合性测试的对象做修正改进。

标准符合性测试是用于测量产品的功能和性能指标与相关国家标准或行业标准所规定的功能和性能指标之间符合程度的活动。它有别于一般的测试,标准符合性测试的依据和规程一定是国家标准或行业标准,而不是实验室自定义的或其他的、非正式的相关规范要求。

(2) 比对测试。比对测试是为了比较各种汽车的性能而进行的测试与评价活动,如各种汽车专业杂志举办的各类汽车的性能比较活动,或者在汽车设计初始阶段,作为决定质量目标的一种信息来源,对竞争对手的车辆的性能进行调查、比较研究的测试活动。

比对测试最重要的目标是通过对两个或两个以上对象的对比结果进行分析,获得或探究某种因素与对象之间的关系,并将之作为某种选择或决定的依据。例如,在汽车ECU控制软件开发过程中,为了检验和评估所开发的或自动代码生成的控制器代码与所设计逻辑的一致程度,往往需要通过比对测试的方式,测量与评价代码模块与设计控制器模型在不同设定输入条件下的输出结果。基于符合国际汽车功能安全标准ISO26262规定,在采用基于模型的自动代码生成开发方式中,采用代码与模型的一致性对比测试,可以将代码安全审查的工作转移到模型安全审查和工具安全审查上,因而大大降低了开发方承担的工作量和难度。

(3) 研发测试。研发测试是为了改进汽车性能和产品开发而进行的测试与评价活动。一般来说,学校、研究所或汽车制造厂商、汽车零部件厂、汽车电子厂商进行的研究或开发测试属于此范畴。为了适应市场对汽车性能、功能的要求和用户需求的多样化,研发阶段的测试与评价涉及范围非常广,为了适应新技术还需要不断地制定新的测试与评价方法。

研发测试最重要的目标是在最初阶段就把相应的质量问题或安全问题考虑进去,以便可以直接把研发设计阶段的成果作为生产的模板,如此不但有利于缩短研发时间,而且有利于降低研发成本。由此可见,在研发阶段需要进行一定量的模拟测试和实车测试。值得注意的是,研发测试不仅仅是为了证明产品能够实现既定功能,还要尽可能多地发现产品中的错误和缺陷,而且这种发现越早越好,这样更改产品设计的成本更低。理想情况下,通过所有研发测试意味着车辆开发能够最终定型,因此,对于研发测试来说,最重要的是保障有效性、客观性和完整性。

2. 智能网联汽车测试意义

智能网联汽车技术的开发与应用一直以来备受关注,当前除了研究智能网联汽车的新功能和算法之外,智能网联汽车在行驶环境中的可靠与安全已成为开发的最大难点。因此,只有通过完善的智能网联汽车测试与评价技术,才能够尽早在研发阶段发现问题,挖掘隐藏的功能缺陷及不合理之处,才能够保证智能网联汽车应用的功能完备性及有效性。

(1) 保证车辆行驶的安全。智能网联汽车是汽车产业的发展方向,通常来说,智能网联汽车是从驾驶辅助逐步提高自动化程度到实现自动驾驶的过程。目前驾驶辅助技术的渗透率正在逐渐上升，部分自动驾驶、有限自动驾驶技术也发展迅速，推动汽车向完全自动驾驶乃至无人驾驶方向前进。但是，汽车的首要功能是能够将人或者货物从一个地点运送到另一个地点，车辆的智能化和网联化是为了更好、更有效地实现上述功能，而安全是首先要保证的。通过对智能网联汽车的功能和性能进行测试与评价，能够确保智能网联汽车安全、高效地完成任务，且不会干扰正常的交通环境。

（2）推动汽车行业的发展。测评和标准本身对整个汽车产业来说是一种推动和促进的作用。完善的测评工作首先能够对智能网联汽车进行基本的判断和分类，根据智能网联汽车的定义，确定厂商提供的车辆是否属于智能网联汽车，并根据车辆的智能化和网联化的程度对车辆进行分类。同时，通过测评形成标准，能够促成一些参考架构，使得所有的参与机构能够基于车联网和自动驾驶的标准参考架构来促进和实现生态系统的发展。另外，搭建开放共享的测试评价平台，既能保证各个参与方保持自己独特的自动驾驶和车联网的功能，同时满足标准实现互联互通。

从国家层面来看，智能网联汽车作为一项决定未来经济的创新技术，只有具备成熟的智能网联汽车测试技术与丰富的测试经验，才能保证智能网联汽车系统应用中的安全、稳定和可靠，才能够抓住新的市场机遇。完善智能网联汽车的测评工作是我国加快工业化与信息化融合和汽车产业转型升级的基础，能够为智能网联汽车的大规模产业化和应用创造条件，促进和实现汽车产业向生态系统的发展，同时推动开放共享的公共平台建设，推动车辆智能化和网联化的开发和研究。

（二）智能网联汽车测试原理

测试主要涉及两个方面：一是测量，二是试验。测量侧重于测量工具的使用以及测量获取数据的处理与分析，而试验侧重于通过设置环境探测产品、设备的某项最优性能或是否满足某项性能。探求产品、设备某项最优性能或是满足某项性能时测试方案的常用设计方法是研究的重点，测试方案设计是以概率论与数理统计为理论基础，经济地、科学地安排测试的一项科学技术，其主要内容是讨论如何合理地安排测试方案和正确地分析测试数据，以达到用尽量少的测试次数尽快地达到测评的目的。测试方案设计实际上是测试优化技术，它是通过在测试过程中运用各种不同的数学方法，达到测评目标以及实现测评过程的最优化，从而达到节省人力、物力、时间的目的，常见的测试方案设计方法有 4 种。

1. 单因素测试方案设计

单因素测试是指影响测评的主要因素只有一个，一般在为了改进汽车性能和产品开发时进行，根据生产和科研中的不同问题，利用数学原理，合理地安排测试，优化测试流程。通常可以运用常见的一维寻查方法（如序贯试验的平分法、斐波那契法、黄金分割法、三点二次插值法等）逼近或获取最优。

2. 多因素测试方案设计

当影响因素较多时，需要进行多因素测试方案的设计。一般常采用正交设计法，也可在进行了一轮或多轮多因素测试后找到其中的主要影响因素进行较为细致的单因素测试，用一维寻查法求其最优化结果。

正交设计法又叫正交法或正交试验设计法，是安排和分析多因素测试方案的一种科学试验方法。它是以人们的生产实践经验、有关的专业知识和概率论与数理统计为基础，利用一套根据数学上的"正交性"原理而编制并已标准化了的表格——正交表来科学地安排测试方案和对测试结果进行计算、分析，找出最优或较优的生产条件或工艺条件等的数学方法。简言之，它是一种使用正交表安排测试并对结果进行统计分析，迅速找出优化方案的科学方法。它可以成倍地减少测试次数，提高效率，缩短测试周期，并可对多因素测试项目作比较全面的考核。

3. 疲劳/寿命测试方案设计

模拟零部件使用载荷对零部件直接进行疲劳测试以确定零部件的疲劳强度与寿命的方法称为疲劳/寿命测试设计方法。

一般常说的疲劳测试主要是指金属疲劳测试，主要测定金属及其合金材料在室温状态下的拉伸、压缩或拉、压交变负荷的疲劳性能。一般来说，在足够大的交变应力的作用下，于金属构件外形突变、表面刻痕或内部缺陷等部位，都可能因较大的应力集中引发微观裂纹。分散的微观裂纹经过集结沟通将形成宏观裂纹。已形成的宏观裂纹逐渐缓慢地扩展，构件横截面逐步削弱，当达到一定限度时，构件会突然断裂。这种金属因交变应力引起的失效现象称为金属的疲劳，金属疲劳测试就是测定金属材料疲劳极限的方法。

寿命试验是研究产品寿命特征的方法，这种方法可在实验室环境下模拟各种使用条件来进行。寿命试验是可靠性试验中最重要、最基本的项目之一，它是将产品放在特定的试验条件下考察其失效（损坏）随时间变化的规律。通过寿命试验，可以了解产品的寿命特征、失效规律、失效率、平均寿命以及在寿命试验过程中可能出现的各种失效模式。如结合失效分析，可进一步弄清导致产品失效的主要失效机理，作为可靠性设计、可靠性预测、改进新产品质量和确定合理的筛选、例行（批量保证）试验条件等的依据。如果为了缩短试验时间，可在不改变失效机理的条件下用加大应力的方法进行试验，这就是加速寿命试验。通过寿命试验可以对产品的可靠性水平进行评价，并通过质量反馈来提高新产品的可靠性水平。

4. 攻防测试方案设计

攻防测试主要是指在信息安全领域通过模拟各种攻击手段来检测系统信息安全防护能力的测试，常见的有渗透测试——指为了对一个目标网络的安全性进行实际检查，进行带有攻击性行为的全面的安全压力测试。渗透测试是一个在评估目标主机和网络的安全性时模仿黑客特定攻击行为的过程。详细地说，是指安全工程师尽可能完整地模拟黑客使用的漏洞发现技术和攻击手段，对目标网络的安全性作深入的探测，发现系统最脆弱环节的过程。测试过程中，会采用各种手段和途径，包括端口扫描、漏洞扫描、密码猜测、密码破解、数据窃听、伪装欺骗等技术方式，最终目的就是为了检验该网络各个环节的安全性。

（三）智能网联汽车测试方法

智能网联汽车常见的测试方法主要包括模型在环测试方法、软件在环测试方法、模型在环和软件在环对比测试方法、硬件在环测试方法、台架在环测试方法和实车测试方法。其中模型在环测试、软件在环测试和硬件在环测试均属于计算机测试方法。

1. 模型在环、软件在环测试方法

（1）模型在环测试方法。基于模型的系统工程（Model-Based System Engineering，MBSE）是一种用于解决设计复杂控制、信号处理以及通信系统中相关问题的数学和可视化方法，它被广泛应用于运动控制、工业设备、航天以及汽车相关应用中，是一种主流的开发与测试方法。模型提供了一个物理系统的抽象框架，可以使工程师忽略无关的细节而把注意力放到最重要的部分来思考系统的整体设计。工程中的所有工作内容都是依赖模型来理解复杂的、真实世界的系统。在 MBSE 中，模型是整个开发过程中不断细化的可执行规范（通常使用文本形式表示的需求来指导正式模型的开发，这些满足需求的模型随后将转化为代码）。可执行规范不仅包含功能设计模型和软件逻辑，还包括设备和环境模型、高层需求的链接和其他文件，以及用于自动化仿真结果评估的验证数据。

依据模型执行的仿真顺序也称为模型在环测试，如图 9-1 所示。模型在环测试的测试数据来自测试矢量数据库或实际系统的模型。模型在环测试的结果可用于验证软件行为是否正确，并确认开发流程的初始需求。通过模型在环测试收集的信息会成为代码验证的基准。

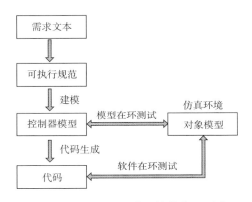

图 9-1 模型在环测试和软件在环测试

（2）软件在环测试方法。软件在环测试（又称为软件算法测试）（图 9-1）是指在主机上对仿真中生成的代码或手写代码进行评估，以实现对生成代码的早期确认。与模型在环测试类似，输入测试矢量来自测试数据库或设备模型，当软件组件包含需要在目标平台上执行的生成代码（如更新控制器逻辑以满足新要求）和手写代码（如现有驱动程序和数据适配器）的组合时，此类验证可以发挥重要的作用。通常利用软件在环测试来验证图形化模型中现有算法的重新实现，此时，可能需要花费较多成本来维护一些旧的但是正确的代码。由于在建模环境中重新实现及验证具有非常重要的意义，在这种情况下，仿真就成为比较新模型实现和旧代码中已有算法的输出的环境。软件在环测试可以分为静态测试和动态测试，其中动态测试包含动态白盒测试和动态黑盒测试。

① 静态测试。静态测试就是不实际运行被测软件，只是静态地检查程序代码、界面或文档中可能存在的错误过程。通过对程序静态特性的分析，找出程序的漏洞和可疑之处，如不匹配的参数、不适当的循环嵌套和分支嵌套、不允许的递归、未使用过的变量、空指针的引用和可疑的计算等。静态测试结果可用于进一步的查错，并为测试用例的选取提供依据。主要测试内容包括代码检查、静态结构分析、代码质量分析等。

② 动态白盒测试。动态白盒测试又称为结构测试、逻辑驱动测试或基于程序的测试。采用这一测试方法，测试者可以看到被测的源程序，分析程序的内部构造，并根据其内部构造设计测试用例进行动态白盒测试时，测试者可以完全不顾程序的功能，通过测试来检测产品内部动作是否按照需求规格说明书的规定正常进行。动态白盒测试按照程序内部的结构测试程序，检验程序中的每条通路是否按预定要求正确工作。

③ 动态黑盒测试。动态黑盒测试又称为功能测试、数据驱动测试或基于规格说明的测试。用这种方法进行测试时，被测程序被当作无法打开的黑盒，在完全不考虑程序内部结构和内部特性的情况下，测试者只知道该程序输入和输出之间的关系，或是程序的功能，测试者依靠能够反映这一关系或程序功能的需求规格说明书确定测试用例和推断测试结果的正确性，所依据的只能是程序的外部特性。因此，动态黑盒测试是从用户观点出发的测试，测试者已知产品所应具有的功能，通过测试来检测每个功能是否都能正常使用。测试者在程序接口处进行测试，只检查程序功能是否能按照需求规格说明书的规定正常使用，程序是否能适当地接收输入数据和产生正确的输出信息，并且保持外部信息的完整性。

（3）软件在环与模型在环的对比测试方法。除了上述两种方法之外，还有一种软件在环与模型在环的对比测试方法，这种方法主要实现了模型和代码的同步执行。该方法在模型生成的测试代码中插入控制代码来记录需求文本状态信息，并将这些状态信息实时发送给建模平台，平台解析后以高亮显示的方式同步展示可执行规范模型的执行过程；同时，测试过程中还可以获取当前监视的全局变量信息，测试人员通过监视所要观察的全局变量信息，分析具体建模是否正确或是否满足实际需要。

2. 硬件在环测试方法

汽车系统项目的开发是一项系统工程，科技含量高、工作量大，整车和各零部件的开发同步进行。为了保证项目的进度，将硬件置于测试回路是一种将实物部件和软件模型联合、广泛运用于部件测试或控制系统测试的技术形式，如图 9-2 所示。硬件在环测试与模型在环测试、软件在环测试不同之处在于引入了信号的传递环节。广义上来说，硬件在环测试系统可以分为四种类型。

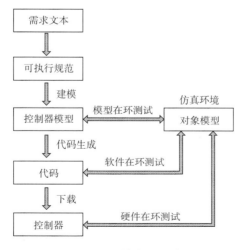

图 9-2　硬件在环测试

第一类，将真实的控制器置于测试回路，将其余部件的压力或电力信号用真实信号或者仿真环境模拟的信号纳入控制器的控制回路，不包含动力加载装置。

第二类，用计算机快速地建立其控制器模型，而将受控对象作为实物放置在仿真回路中，构造起在环测试系统，这个过程也称为快速原型设计。

第三类，利用动力加载装置模拟系统其余部件的动力学特性对实物部件进行加载，实物部件输出的信号反馈回系统模型，构成系统回路。

第四类，主要是在第一类的基础上，将回路系统模型过程量或实物部件的输出量纳入一个更大的控制器控制回路。

3. 台架在环测试方法

台架在环测试是指对待测对象的一些指标进行检测，如汽车发动机台架测试，可以测试发动机的最高转速、使用寿命等。发动机台架测试为发动机及相关零部件提供了测试、验证，以及改进的技术支持。在台架在环测试中，由于待测的对象实物需要加载装置提供力矩、速度或电流等参数，将整个台架系统与其余部件模型构成回路，如图9-3所示，因此，当待测对象为控制对象时还会引入新的控制回路。按照台架测试的目的，台架测试分为性能测试和可靠测试。其中性能测试是为了评定发动机的动力性、经济性及其他重要性能；可靠性测试是通过对发动机及相关零部件施加各种负荷以考验其可靠性。

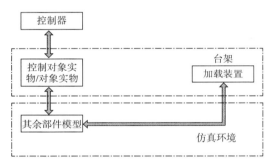

图 9-3 台架在环测试

4. 实车测试方法

模型在环、软件在环、硬件在环和台架试验适用于控制器、部件、系统或总成的测试，但当把这些零部件或总成组装在一起时，也常常会产生意想不到的故障或问题，所以必须做整车的测试与评价。进行整车的测试与评价，一般需要借助于试验场或一些通用大型测试设备。

（1）汽车试验场。汽车试验场是进行汽车整车道路试验的场所。为满足汽车的实际行驶要求，汽车试验场的主要设施是集中修建的各种各样的试验道路，包括汽车高速行驶的环形跑道、可造成汽车强烈颠簸的凸凹不平的道路，以及动力学广场、坡道、ABS试验道路、噪声试验道路等，给汽车提供稳定的路面试验条件。汽车试验场有大有小，试验道路的形态和长短也不尽相同，而且随着汽车技术的发展，不断会提出修筑新的试验设施的要求。汽车试验场是重现汽车使用中遇到的各种各样道路条件和使用条件的试验场地。试验道路是实际存在的各种各样的道路，经过集中、浓缩、不失真的强化并典型化的道路。汽车在试验场试验比在试验或一般行驶条件下的试验更严格、更科学、更真实。其主要任务包括：汽车产品的质量鉴定测评；汽车新产品的研发、认证测试；为实验室试验提供路谱采集条件；汽车法规、标准的研究和测评等。

（2）通用大型试验设备。通用大型试验设备包括环境试验设备、碰撞试验设备、电波暗室和半消声室等。

① 环境试验设备。为了保障汽车在使用环境中发挥期望的性能，需要在不同气候环境下进行汽车试验。由于实地试验所消耗的时间成本和经济成本过高，因此期望有高精度模拟世界各地气候条件的环境试验设备，从而快速检验汽车的环境适应性。常见的环境试验设备有高温环境风洞试验室、低温环境风洞试验室、低压试验室、防尘性能试验室、淋雨试验室等。

② 碰撞试验设备。为了保证车辆的安全性，车辆必须经过严格的碰撞测试检验。最典型的碰撞试验设备是碰撞试验室，一般通过牵引系统将车辆牵引到规定的速度后释放。车辆依靠惯性与固定壁障、蜂窝铝壁障或其他车辆等进行碰撞，检验车辆的车身结构和约束系统是否能够为乘员提供良好的保护。当前一些典型的碰撞试验，如正面全重叠碰撞、正面40%偏置碰撞、侧碰等都已经形成标准，也是新车碰撞测试（New Car Assessment Program，NCAP）确定车辆安全星级的基础。同时，针对车辆的开发，一些更接近现实生活的事故形态，如正面25%小重叠率碰撞、正面撞柱等也被纳入碰撞试验中。另外，为提高测试效率同时降低测试成本，台车也是广泛采用的碰撞试验设备。

③ 电波暗室。随着汽车电子系统占比的逐渐提高，车载电子设备的性能要求越来越重要。由于车载电子设备的振动、温度和电磁等环境较为恶劣，为确保车载电子的性能可靠，需要衡量其电磁干扰抗性和电波噪声，因此可以建立电波暗室，排除室外电磁环境的干扰。

④ 半消声室。随着汽车安静性能要求的提升，噪声的相关要求逐渐严格，为了进行有效测量，往往需要采用半消声室。

（四）智能网联汽车常用评价方法

评价需要解决的主要问题是分类、排序和整体评价，评价方法主要围绕此类目的展开。有关系统评价的理论和方法大致可以分为三类：一是以数理理论为基础的方法，它以数学理论和解析方法对评价系统进行定量描述和计算，通常需要在一定的假设条件下进行评价，评价方法主要有模糊分析法、灰色系统分析法、技术经济分析法等；二是以统计分析为主的方法，其特点是把统计样本数据看作随机数据处理，对指标数据进行转化，所得均值、方差、协方差反映指标潜在的规律，通过统计方法对指标体系进行分析，得出在大样本数据下对评价对象的综合认识，评价方法有主成分分析法、因子分析法、聚类分析法、判别分析法、关联分析法、层次分析法等；三是重现决策支持的方法，以计算机系统仿真和模拟技术为主，研究如何使系统的运行和人类行为目标一致，以此得出系统评价结果。常见的评价方法虽然有几十种，但大致上可以分为：主观评价法，如德尔菲法、专家会议法等；客观评价法，如熵权法、主成分分析法、灰色关联法等；还有一些现代的多指标综合评价的方法，可用于主观评价、客观评价以及二者的结合，如效用函数评价、模糊评价等。

1. 主观评价方法

（1）同行评议法。同行评议在科研评价实践中有许多同义词，如专家鉴定（Refereeing)、价值评议(Merit Review)、同行评价(Peer Evaluation)、同行审查(Peer Censorship)、同行判断(Peer Judgment)等。由于同行评议方法应用广泛,在评价实践中人们常常根据不同的应用场合对其给予不同的界定。同行评议有许多实施形式,从评价实施的形式来划分,可以分为通信评议、会议评议、调查评议和组合评议。

① 通信评议:评价机构把评估材料寄送给评议专家,专家独立作出书面判断,然后将评议意见反馈给评价机构。

② 会议评议:专家组评议,指评价机构事先把相关材料寄送给评议专家,并请专家按指定的时间和地点参加专家评审会,通过讨论和交流,形成集体评审意见。

③ 调查评议:如果评价机构和评审专家对评价对象的情况不太了解,且相关材料缺乏,或者有关数据需调查取得,则可组织专家到现场调查、了解,然后给出评价意见。

④ 组合评议:根据评价工作的需要,将上述3种方法中的某几种组合起来进行评价的方法。

(2)德尔菲法。德尔菲法的提出是为了克服一般的专家讨论中存在的屈从于权威或盲目服从多数的缺陷。它是一种背对背的征询专家意见的调研方法,采用匿名发表意见的方式,针对特定问题采用多轮专家调查,专家之间不得互相讨论,不发生横向联系,只能与调查人员发生关系,通过多轮次调查专家对问卷所提问题的看法,经过反复征询、反馈、修改和归纳,最后汇总成专家基本一致的看法,作为专家调查的结果。德尔菲法可以有效地消除成员间的相互影响,可以充分发挥专家们的智慧、知识和经验,最后能得出一个较好反映群体意志的判断结果。德尔菲法是集中专家意见和智慧的一种方法,所以实施德尔菲法首先要确定专家组的人选。应按照课题设计的知识领域选择、确定专家。专家人数的多少,可根据课题涉及面的大小而定,一般不超过20人。在确定专家组后,一般要进行4轮专家调查咨询。

第一轮:①向专家寄出评价对象的有关资料,提出具体的评价问题,请专家做书面答复,并附上必要的背景材料供专家参考。②各位专家根据他们所收到的材料,提出自己的评价意见,并说明作出判断的理由。③组织者对各位专家的第一次判断意见进行汇总整理,列成图表作比较分析。对于专家作出的数值判断,应该总结这些判断的上下四分位数和中位数。将各位专家的意见加以整理后,将结果和第二轮调查表再分发给各位专家。

第二轮:①专家在参考其他专家的判断和看法后,在此基础上再次作出自己的判断,填写第二轮调查表。②组织者将所有专家的修改意见收集、汇总,再次总结计算各个评价值的中位数和上下四分位数,并总结判断值在上下四分位数以外的专家给出的理由,将总结结果和第三轮调查表分发给各位专家。

第三轮:①专家参考第二轮的结果,对上下四分位数外的对立意见做一个评价;给出自己新的评价;评价值仍然在上下四分位数外的专家,应重述自己的理由;观点改变的专家,也应该说明理由。②组织者收集汇总专家意见,再次统计中位数和上下四分位数,并总结专家观点形成第四张调查表。

第四轮:①专家填写第四张调查表,再次对问题作出评价和判断。②调查表返回后,组织者统计每个事件的中位数和上下四分位数,归纳总结各种意见。

逐轮收集意见并向专家反馈信息是德尔菲法的主要环节。在向专家进行反馈的时候,只给出各种意见,并不说明发表各种意见的专家的具体姓名。这一过程重复进行,直到每一个专家不再改变自己的意见为止。一般来说,经过四轮调查后,专家意见会趋向收敛。并不是所有调查都要经过 4 轮。可能有的调查在第二轮就达到统一,这样第三、四轮就没有必要进行了。如果在第四轮结束后,专家意见仍然没有达成一致,也可以用中位数和上下四分位数来作结论。

2. 客观评价方法

所谓客观评价方法,就是评价结果与人的主观因素基本无关的评价方法。常见的客观评价方法主要有以下几种:

① 主成分分析:考察多个变量间相关性的一种多元统计方法,它通过线性变换,将原来的多个指标组合成相互独立的少数几个能充分反映总体信息的指标,常被用来作为寻找判断某种事物或现象的综合指标,并且给综合指标所包含的信息以合适的解释,从而更加深刻地揭示事物的内在规律。

② 因子分析:可以看成是主成分分析的一种推广,因子分析的基本目的是用少数几个变量去描述多个变量间的协方差关系,其思路是对观测变量进行分类,将相关性较高,即联系比较紧密的变量分在同一类中,每一类的变量实际上就代表了一个本质因子,从而可将原观测变量表示为新因子的线性组合。

③ 逼近理想解的排序法(Technique for Order Preference by Similarity to Ideal Solution, TOPSIS):根据各被评估对象与理想解和负理想解之间的距离来排列对象的优劣次序。所谓理想解,是设想的最好对象,它的各属性值达到所有被评对象中的最优值;而负理想解则是所设想的最差对象,它的各属性值都是所有被评对象中的最差值。用欧几里得范数作为距离测度,计算各被评对象到理想解及负理想解的距离,距理想解愈近且距负理想解愈远的对象越优。

④ 秩和比法:一种全新的广谱的实用数量方法,是田凤调发明的一种统计学方法。该方法集中了古典参数统计和近代非参数统计各自的优势,通过指标编秩来计算秩和的一个特殊平均数,进而进行综合评价。该方法在国内有较大的影响。

⑤ 灰色关联分析:灰色系统分析的主要内容之一,用来分析系统中因素之间的关系密切程度,从而判断引起该系统发展的主要因素和次要因素。灰色关联分析的实质,就是比较由若干数列所构成的曲线与由理想数列所构成的曲线几何形状的接近程度,从而进行排序,列出评价对象的优劣次序。评价标准是灰色关联度,其值越大,评价结果越好。

⑥ 熵权法:熵的概念源于热力学,后由香农引入信息论。信息熵可用于反映指标的变异程度,从而可用于综合评价。设有 m 个待评对象,n 项评价指标,形成原始指标数据矩阵。对于某项指标,指标值的差距越大,该指标提供的信息量越大,其在综合评价中所起的作用越大,相应的信息熵越小,权重越大;反之,该指标的权重也越小。如果该项指标值全部相等,则该指标在综合评价中不起作用。

⑦ 复相关系法:用某一指标与其他所有指标进行回归,剔除统计检验不显著的指标,得到调整后的拟合优度 R,则该指标的相对权重就是 $1/R$,最后将所有指标权重标准化以后得到各指标的权重。某指标拟合优度 R 越低,说明该指标包含的信息越多,权重越高。

⑧ 异系数法:用各指标的标准差除以均值,得到各指标的变异系数,最后将变异系数标准化后得到各指标的权重。变异系数越大,说明该指标数据越活跃,权重越大。

3. 多指标综合评价方法

(1) 效用函数综合评价法。对于多指标综合评价,一种非常简明的评价思想是:将每一个评价指标按照一定的方法量化，变成对评价问题测量的一个量化值，即效用函数值，然后再按一定的合成模型加权合成求得总评价值。可将这种评价方法称为效用函数平均法或效用函数综合评价法。

写成一般化的公式：

$$F = \zeta(y_i, w_i), i = 1, 2, \cdots, p$$

式中，w_i 为单项评价指标 x_i 的重要权数。$y_i = f_i(x_i)$，为 x_i 的效用函数评价值，也称为无量纲化值或同度量化值。f_i 为 x_i 的效用函数，也称为无量纲化函数或同度量化函数。因此，在综合评价指标体系已经确定的情况下，效用函数平均法的关键是单项评价值的确定（即 f_i 的确定）、权值 w_i 的确定、合成模型的选择（即 ζ 的确定）。也就是说，综合评价中的效用函数平均法其实就是关于 f_i、w_i 与 ζ 的理论。

目前人们已经提出的这类综合评价方法都是根据无量纲化函数的特点命名的。权数理论与方法不仅在效用函数平均法中是一个重要的理论，在其他综合评价方法中也需要或可以使用。实际上，效用函数综合评价法既是一种基础的综合评价方法，也是一种非常实用、有效的综合评价方法，其评价效率或准确性并不逊色于那些数学过程复杂得令人眼花缭乱的方法。

（2）模糊评价。模糊集合是模糊评价建立的基础，模糊集合的基本思想是改造普通集合中的特征函数，使元素对集合的隶属度从只能取 {0，1} 中的值扩充到 [0，1] 中的任一值。这样元素和集合的关系，就从普通集合中的绝对"属于"或"不属于"延伸到"在多大程度上属于"。通过建立模糊集合与普通集合之间的转化法则，可以使普通集合的规则应用到模糊集合上。由模糊集合发展起来的评价方法主要有模糊物元、模糊积分、模糊综合评价、模糊聚类、模糊神经网络评价等。模糊子集间的运算，实际上是对隶属度作逐点的相应运算，利用相对隶属程度建立起的模糊评价集可以实现对定性指标的数量化处理。模糊集解决实际问题，通常需要与普通集之间建立一种联系和转化，这种关系是通过水平截集、分解定理、表现定理和扩张原则等建立起来的。进行模糊评价时，必须明确 4 个方面的问题：隶属关系矩阵确定的方法、模糊合成算子的选择、最大隶属原则和加权平均的原则，模糊评价大多数是围绕上述方面展开的。在进行模糊评价时，一般的步骤为：第一步，选择评价指标；第二步，选定评语集，确定指标权重；第三步，建立模糊关系矩阵；第四步，计算模糊关系矩阵的合成值为合成算子；第五步，加权综合评价。

二、智能网联汽车评价

（一）功能安全评价

目前智能网联汽车功能安全评价主要指功能安全标准 ISO26262 的符合性测评，如果要宣称符合 ISO26262，那必须是符合其每个要求，除非有如下情况之一：根据 ISO26262-2 中，对不适用的要求进行安全行为的裁剪；针对不符合项，提出其说明理由，并对该理由根据 ISO26262-2 进行评估。所有安全行为的输出物都在 ISO26262 中有明确的规定。

1. 安全完整性等级评估

ISO26262 标准中对系统做功能安全设计时，前期重要的一个步骤是对系统进行危害分析和风险评估，识别出系统的危害并且对危害的风险等级——ASIL 等级（Automotive Safety Integration Level，汽车安全完整性等级）进行评估。不仅如此，在依据 ISO26262 对系统开展功能安全测评时，首先也需要进行 ASIL 的评估，需要开展危害分析和风险评估，此外还需要对功能安全设计进行审核。ISO26262 规定，ASIL 有 4 个等级，分别为 A、B、C、D，其中 A 是最低的等级，D 是最高的等级。进行功能安全设计时，针对每种危害确定至少一个安全目标，安全目标是系统的最高级别的安全需求，由安全目标导出系统级别的安全需求，再将安全需求分配到硬件和软件。ASIL 等级决定了对系统安全性的要求，ASIL 等级越高，对系统的安全性要求越高，为实现安全付出的代价越高，意味着硬件的诊断覆盖率越高，开发流程越严格，相应的开发成本增加，开发周期延长，技术要求严格。ISO26262 中提出了在满足安全目标的前提下降低 ASIL 等级的方法——ASIL 分解，这样可以解决上述设计开发中的难点。因此，对功能安全设计进行审核需要审核 ASIL 分解是否合理。

2. 安全完整性等级

依据 ISO26262 标准进行功能安全测评时，首先需要确定系统危害事件的安全完整性等级。根据定义，功能故障和驾驶场景的组合叫作危害事件，危害事件确定后，可以根据 ISO26262 的 3 个关键因子：严重度等级、暴露概率等级和可控性等级评估危害事件的风险级别 ASIL 等级。其中严重度是指在可能发生潜在危害的场景下，对一个或多个人员造成伤害程度的预估；暴露概率是指人员暴露在系统的失效能够造成危害的场景中的概率；可控性是指通过所涉及人员的及时反应，也可能通过外部措施的支持，避免特定的伤害或损伤的能力。这 3 个因子分别在表 9-1～表 9-3 中给出。

表 9-1 严重度等级

项目	等级			
	S0	S1	S2	S3
描述	无伤害	轻度和中度伤害	严重的和危及生命的伤害（有存活的可能）	危及生命的伤害（存活不确定），致命的伤害

表 9-2 暴露概率等级

项目	等级				
	E0	E1	E2	E3	E4
描述	不可能	非常低的概率	低概率	中等概率	高概率

表 9-3 可控性等级

项目	等级			
	C0	C1	C2	C3
描述	原则上可控（一般，易控）	简单可控	正常可控（一般）	难以控制或不可控

其中，需要注意以下事项：

（1）如果经过危害分析，确定相关项的故障行为的后果明显局限于物质损坏并不涉及对人员的伤害，则该危害的严重度等级可为 S0。如果一个危害的严重度等级为 S0，则无须分配 ASIL 等级。

（2）暴露概率等级 E0 可用于在危害分析和风险评估过程中所建议的那些认为是几乎不可能发生或难以置信的场景，无须跟进，应记录排除这些场景的理由。如果一个危害的暴露概率等级被指定为 E0，则无须分配 ASIL 等级。

（3）如果相关项失效的危害不影响车辆的安全运行（例如一些驾驶员辅助系统），可控性等级可为 C0。如果已经有专门法规规定了针对一个既定危害的功能表现，则该危害的可控性等级可为 C0。或者没有专门法规规定，但是通过应用现有的经验认为达到了充分的可控性，通过讨论而定义为 C0 等级。如果一个危害的可控性等级为 C0，则无须分配 ASIL 等级。

ASIL 等级的确定基于这 3 个影响因子，表 9-4 中给出了 ASIL 的确定方法，其中 D 代表最高等级，A 代表最低等级，QM 表示质量管理（Quality Management），表示按照质量管理体系开发系统或功能就足够了，不用考虑任何安全相关的设计。确定了危害的 ASIL 等级后，为每个危害确定至少一个安全目标，作为功能和技术安全需求的基础。

表 9-4 ASIL 等级确定

严重度等级	暴露概率等级	可控性等级		
		C1	C2	C3
S1	E1	QM	QM	QM
	E2	QM	QM	QM
	E3	QM	QM	A
	E4	QM	A	B
S2	E1	QM	QM	QM
	E2	QM	QM	A
	E3	QM	A	B
	E4	A	B	C
S3	E1	QM	QM	A
	E2	QM	A	B
	E3	A	B	C
	E4	B	C	D

3. 危害分析与风险评估

依据 ISO26262 标准进行功能安全测评时，首先审核被测系统的功能，并审核分析其所有可能的功能故障，可采用的分析方法有 HAZOP、FTA、FMEA、头脑风暴等。如果在系统测评的过程中发现没有识别出来的故障，都要回到这个阶段，进行更新。

功能故障在特定的驾驶场景下才会造成伤亡事件，比如近光灯系统，其中一个功能故障就是灯非预期熄灭，如果在漆黑的夜晚行驶在山路上，驾驶员看不清道路状况，可能会掉入悬崖，造成车毁人亡；如果此功能故障发生在白天就不会产生任何的影响。所以进行功能故障分析后，要进行情景分析，识别与此故障相关的驾驶情景，如高速公路超车、车库停车等。分析驾驶情景可以从公路类型：如国道、城市道路、乡村道路等；路面情况：如湿滑路面、冰雪路面、干燥路面；车辆状态：如转向、超车、制动、加速等；环境条件：如风雪交加、夜晚、隧道灯；交通状况：拥堵、顺畅、红绿灯等；人员情况：如乘客、路人等几个方面去考虑。

（1）危害分析与风险评估涉及名词解释。进行危害分析和风险评估时，风险 R 可以描述为一个包含危害事件发生频率 f，所涉及人员通过及时反应以避免特定的伤害或损坏的能力——可控性 C，以及所产生的伤害或损坏的潜在严重度 S 的函数 F。

发生频率 f 依次受到几个因素的影响。要考虑的因素之一是人们多频繁和多久能够发现他们自己处于上述危害事件可能发生的场景中。在ISO26262中，它被简化成危害事件可能发生的驾驶场景的概率的度量（暴露：E）。另一个因素是相关项可能导致危害事件的失效率（失效率：l）。失效率是通过存留在系统中导致危害的硬件随机失效和系统故障来表征：$f=E\times l$ 表明危害分析和风险评估与相关项的设置要求相关联，以避免不合理的风险。由危害分析与风险评估得出的ASIL等级，确定了相关项最低限度的要求，以控制或减少随机硬件失效的概率，并且避免系统性故障。相关项的失效率不被认为是推理演绎的（在风险评估中），因为不合理的残余风险是可以通过实现所得出的安全要求来避免的。

（2）危害分析与风险评估步骤。危害分析与风险评估子阶段包括下述 3 个步骤。

① 场景分析和危害识别：场景分析和危害识别的目的是识别出可能会导致危害事件的相关项的潜在非预期行为。场景分析和危害识别活动需要一个关于相关项、相关项功能和界限的清晰定义。它是基于相关项的行为，因此并不一定需要知道相关项的详细设计。

示例：

场景分析和危害识别考虑的要素可包括：车辆的使用场景，如高速行驶、城市驾驶、停车、越野；环境条件，如路面摩擦、侧风；合理可预见的驾驶员使用和误用；操作系统之间的相互作用。

② 危害事件的分类：危害分类方案包括与相关项危害事件相关的严重度暴露概率以及可控性的确定。严重度代表对一个特定驾驶场景中的潜在伤害的预估，而暴露概率是由相应的场景来确定的可控性，衡量了驾驶员或其他道路交通参与者在所考虑到的运行场景中避免所考虑到的意外类型的难易程度。对于每一个危害，基于相关危害事件的数量，该分类将导出严重度、暴露概率和可控性的一个或多个组合。

③ ASIL等级确定：确定所需的汽车安全完整性等级。

（二）信息安全测评

1. 信息安全测评的定义

信息安全测评（又称信息安全测试与评估）作为信息系统安全工程过程（ISSE）中的

关键环节,在整个信息系统的生命周期中具有十分重要的作用,关系到信息系统安全建设的成败。信息安全测评的对象从传统的通信系统、操作系统、网络系统发展到涵盖技术和管理在内的完整的信息安全保障体系。信息安全测评主要是通过测评技术及手段,进而保证信息的完整性、可用性、真实性、保密性、可靠性及未授权拷贝和所寄生系统的安全性。通俗来说,信息安全测评的目的就是要保护信息系统或信息网络中的信息资源免受各种类型的威胁、干扰和破坏,即保证信息的安全性,包括如何防范商业企业机密泄露、防范青少年对不良信息的浏览、个人信息的泄露等,以及采用网络环境下的信息安全体系等手段保证信息安全,包括计算机安全操作系统、各种安全协议、安全机制(数字签名、消息认证、数据加密等),乃至安全系统,如 Un iN AC、DLP 等。

2. 传统信息安全存在问题

在这个信息爆炸的年代,现代人每天不论于公于私,都会经手大量数据信息,而在信息安全问题上会出现各种麻烦,信息安全重要性日益凸显。信息已经成为各企事业单位的重要资源,也是一种重要的"无形财富"。互联网和 IT 技术的普及,使得应用信息突破了时间和空间上的障碍,信息的价值在不断提高。但与此同时,网页篡改、计算机病毒、系统非法入侵、数据泄密、网站欺骗、服务瘫痪、漏洞非法利用等信息安全事件时有发生。为分析当前的信息安全问题,列举以下几个典型的急需解决的信息安全问题。

一是网络共享与恶意代码防控。网络共享方便了不同用户、不同部门、不同单位等的信息交换,但是,恶意代码利用信息共享、网络环境扩散等漏洞,影响越来越大。如果对恶意信息交换不加限制,将导致网络的服务质量下降,甚至系统瘫痪不可用。

二是信息化建设超速与安全规范不协调。网络安全建设缺乏规范操作,常常采取"亡羊补牢"之策,导致信息安全共享难度递增,也留下了安全隐患。

三是信息产品国外引进与安全自主控制。国内信息化技术严重依赖国外,从硬件到软件都不同程度地受制于人。目前,国外厂商的操作系统、数据库、中间件、办公文字处理软件、浏览器等基础性软件都大量地部署在国内的关键信息系统中,但是这些软件或多或少存在一些安全漏洞,使得恶意攻击者有机可乘。目前,我们国家的大型网络信息系统许多关键信息产品长期依赖国外,一旦出现特殊情况,后果将不堪设想。

四是 IT 产品单一性和大规模攻击问题。信息系统中软硬件产品单一性,如同一版本的操作系统、同一版本的数据库软件等,这样一来攻击者可以通过软件编程,实现攻击过程的自动化,从而导致大规模网络安全事件的发生,如网络蠕虫、计算机病毒、"零日"攻击等安全事件。

五是 IT 产品类型繁多和安全管理滞后的矛盾。目前,信息系统部署了众多的 IT 产品,包括操作系统、数据库平台、应用系统。但是不同类型的信息产品之间缺乏协同,特别是不同厂商的产品,不仅产品之间安全管理数据缺乏共享,而且各种安全机制缺乏协同,各产品缺乏统一的服务接口,从而造成信息安全工程建设困难。系统中安全功能重复开发,安全产品难以管理,也给信息系统管理留下了安全隐患。

六是 IT 系统复杂性和漏洞管理。多协议、多系统、多应用、多用户组成的网络环境复杂性高,存在难以避免的安全漏洞。据统计,绝大部分操作系统存在安全漏洞。由于管理、软件工程难度等问题,新的漏洞被不断地引入到网络环境中,所有这些漏洞都将可能成为攻击切入点,攻击者可以利用这些漏洞入侵系统、窃取信息。为了解决来自漏洞的攻击,一般通过打补丁的方式来增强系统安全。但是,由于系统运行的不可间断性及漏洞修补风险的不可确定性,即使发现网络系统存在安全漏洞,系统管理员也不敢轻易地安装补丁,特别是大型的信息系统,漏洞修补是一件极为困难的事,因为漏洞既要做到修补,又要能够保证在线系统正常运行。

七是网络攻击突发性和防范响应滞后。网络攻击者常常掌握主动权,而防守者被动应付。攻击者处于暗处,而攻击目标则处于明处。以漏洞的传播及利用为例,攻击者往往先发现系统中存在的漏洞,然后开发出漏洞攻击工具,最后才是防守者提出漏洞安全对策。

八是口令安全设置和口令易记性难题。在一个网络系统中,每个网络服务或系统都要求不同的认证方式,用户需要记忆多个口令。据估算,用户平均至少需要 4 个口令,特别是系统管理员,需要记住的口令就更多,如开机口令、系统进入口令、数据库口令、邮件口令、Telnet 口令、FTP 口令、路由器口令、交换机口令等。按照安全原则,口令设置既要复杂,口令长度还要足够长,但是口令复杂则记不住,因此,用户只选择简单的、重复使用的口令,以便于保管。这样一来,攻击者只要猜测到某个用户的口令,就极有可能引发系列口令泄露事件。

九是远程移动办公和内网安全。随着网络普及,移动办公人员在大量时间内需要从互联网上远程访问内部网络。由于互联网是公共网络,安全难以得到保证,如果内部网络直接允许远程访问,则必然带来许多安全问题,而且移动办公人员计算机又存在失窃或被非法使用的可能性。"既要使工作人员能方便地远程访问内部网,又要保证内部网络的安全"就成了许多单位都面临的一个问题。

十是内外网络隔离安全和数据交换方便性。由于网络攻击技术不断增强,恶意入侵内部网络的风险性也相应急剧升高。网络入侵者可以渗透到内部网络系统,窃取数据或恶意破坏数据。同时,内部网的用户因为安全意识薄弱,可能有意或无意地将敏感数据泄露出去。为了实现更高级别的网络安全,有的安全专家建议内外网及上网计算机实现物理隔离,以求减少来自外网的威胁。但是,从目前网络应用来说,许多企业或机构都需要从外网采集数据,同时内网的数据也需要发布到外网上,因此,要想完全隔离开内外网并不太现实,网络安全必须既要解决内外网数据交换需求,又要能防止安全事件出现。

3. 信息安全保护对象

(1) 终端产品保护。通过对代码、端口、网络连接、移动存储设备接入、数据文件加密、行为审计进行分级控制,实现操作系统加固及信息系统的自主、可控、可管理,保障终端系统及数据的安全。

(2) 安全软件保护。实现软件数据的强制访问控制和统一管理控制、敏感文件及加密密钥的冗余存储备份,包括文件权限管理、用户管理、共享管理、外发管理、备份管理、审计管理等。

(3) 关键网络和基础设施的防御。关键网络及基础设施,可以从两个方面来理解:一个是信息网络基础设施中的关键部分;另一个是关键基础设施中的信息部分。前者通常包括电信网络、广播电视网络、域名系统、电子签名认证系统等,后者即通常所说的重要信息系统。实际上,随着信息技术的发展,国家关键基础设施普遍网络化和信息化,这两个方面的融合度已经越来越高。一般通过检测骨干网可用性、无线网安全框架、VPN 和紧耦合连接程度等,对网络和基础设施的业务连接能力、自主可控能力、数据安全防御能力等进行评测。

（4）边界防御。通过对外界硬件或程序进入系统的监控扫描，在非法攻击、病毒尚未被运行时即可被判定为安全或不安全，从而最大限度地保障对本地机器的安全防护。一般通过网络访问控制、远程访问策略、多级别安全策略、入侵检测系统等进行评测。

（5）计算环境防御。计算机环境分为物理环境、虚拟环境等。为保证计算机系统的安全可靠性，在计算机系统对信息进行采集、处理、传输、存储过程中，不至受到人为（包括未授权的使用计算机资源）或自然因素的危害，而使信息丢失、泄露或破坏，须对计算机设备、设施（包括机房建筑、供电、空调等）、环境、人员等采取适当的安全措施。一般通过对端用户环境、应用系统安全进行检测，对计算机系统涉及设施、人员进行审查等。

（6）支撑性基础设施。相对于关键基础设施而言，支撑性基础设施主要是辅助网络信息系统中关键业务执行、数据传输等能够安全有效地运行。一般从整个信息系统运作流程中，反馈并评测出支撑性基础设施的 KMI/PKI 指数，以及业务监视和响应情况。

4. 测试与评价的意义

随着科学技术的迅猛发展和信息技术的广泛应用，特别是我国国民经济和社会信息化进程的全面加快，信息化带动了工业化的发展，初步实现了互联互通、资源共享、跨越式发展的信息化发展目标。基础信息网络与重要信息系统的基础性、全局性作用日益增强，已成为国家和社会发展新的重要战略资源。与此同时，随着社会信息化的依赖程度越来越高，网络和信息系统的安全问题愈加重要。保障基础网络和重要信息系统安全，更好地维护国家安全、保障社会稳定和经济命脉，是信息化发展中必须要解决的重大问题，也是我们开展信息安全测评的重大意义。但是，从总体上看，我国信息安全保障工作尚处于初级阶段，信息安全面临的形势非常严峻，互联网影响国家安全和社会稳定的问题日益突出，网上斗争越来越尖锐复杂，已成为当前最难控制、最难把握的安全问题之一。因此，依据国家或行业信息安全相关技术标准和管理规范，对未涉及国家秘密的信息系统开展测试和评估，并按照方法及流程对信息系统的安全防护能力进行科学公正的综合评价。通过测评，一是可以掌握信息系统的安全状况、排查系统安全隐患和薄弱环节、明确信息系统安全建设整改需求；二是可以衡量信息系统的安全保护管理措施和技术措施是否符合信息安全保护基本要求，是否具备相应的安全保护能力。

（三）服务系统评价

智能网联汽车云平台服务系统是智能网联汽车的核心部分，主要是面向各种网联化汽车的应用，为了实现智能网联汽车的广泛应用，需要构筑数据平台、运营平台和支撑平台，负责车辆运行中的动态、静态信息的采集，以及管理、底层设备的初始化、维护管理、安全管理、系统管理以及信息发布等工作，同时提供挖掘整理后的数据信息。智能网联汽车所收集到的交通信息量将非常巨大，如果不对这些数据进行有效处理和利用，就会迅速被信息所湮没。因此需要采用数据挖掘、人工智能等方式提取有效信息，同时过滤掉无用信息。考虑到车辆行驶过程中需要依赖的信息具有很大的时间和空间关联性，因此有些信息的处理需要非常及时，对计算能力要求很高，所以需要深入学习以下两种技术。

1. 智能网联汽车服务系统技术

一是智能技术。智能网联汽车应该是一种智能化的新型网络，需要在网联化当中采用一些先进的智能技术。通过使用智能技术，可以使车辆具备一定的智能性，能够主动感知环境的变化、实时交通状况甚至是驾驶员的需求等。智能技术研究的主要内容包括人工智能理论、智能控制系统、信号处理识别、信息融合等方面的内容。被寄予重望的汽车无人驾驶、交通智能导航等应用都要以智能技术的运用为基础。

二是云计算。云计算平台也称为云平台，云计算是近年来发展起来的一种新的计算形态，体现了一种全新概念的信息服务模式，运用虚拟化技术、分布式计算、并行计算技术等将资源按需供给，因其自动化IT资源调度和高速信息部署以及优异的扩展而著称。随着移动互联网的发展，移动云计算的发展亦如火如荼，克服移动终端资源受限的缺陷，用户通过移动云计算便可以不受已有设备局限，使用感兴趣的网络服务。

目前，在智能网联汽车的智能交通信息系统应用上，由于软硬件是和系统紧密绑定在一起的，这就导致了各个物理子系统相对独立，造成各个子系统应用之间严重的信息孤岛现象，系统之间信息共享困难、信息传递延缓，这些都将制约着ITS信息传递的可达性和准确度，影响交通决策、管理调度的效率。而云计算技术特有的超强计算能力、动态资源按需调度、按需提供服务，以及海量信息高效处理，集成化管理机制等优势都将成为解决这一问题的重要手段。

其次，伴随着车载基础网络的建成和人们对移动生活、移动娱乐、移动信息获取的迫切需要，用户迫切需要在移动环境下获取资源和服务，移动云计算的发展正好满足这一需求，同时克服终端资源受限、带宽不足、网络延迟的缺点，使用户能随时随地享用精彩的应用和服务。将网联汽车、云计算和移动云计算技术的最新发展结合起来，是智能交通领域发展的未来趋势。现有各交通部门通信基础设施分散，包括车载导航系统、政府交通信息发布系统、计费系统、交通信息在线查询系统等，充分利用云计算虚拟技术，将各系统整合在云平台中，可满足大规模数据存储、实时分析的需求，开发面向车联网移动云的各项应用，及时向出行者发布动态交通信息、报告路况动态、指导出行计划和规划驾车线路，提高交通效率，促进环境保护，实现节能减排。研究基于移动云系统的智能网联汽车关键技术对于促进智能交通行业的跨越式发展有着关键性意义。

2. 智能网联汽车服务系统应用

从功能上，智能网联汽车服务系统主要完成以下两部分的功能：一是通过车载网络把信息传感设备与车辆设备连接起来，实现车辆智能化监控和管理；二是运用移动通信技术把车载网络与外部网络连接起来，实现车与人、车与车、车与路、车与远程终端之间的信息交换。随着智能汽车和车联网技术的发展，汽车电控系统越来越多，汽车将不再是一个孤立的单元，而是成为可移动的网络节点。智能网联汽车服务系统在车内构成独立的网络，同时也连接车外网络（如汽车门禁、NFC近距离通信、DSRC专用短程通信等），成为整个物联网智慧交通平台的一个重要环节。智能网联汽车服务系统的应用领域广泛，各地区侧重点也有所不同。北美比较注意安全应用，政府导向的服务比较多，如E911服务等；欧洲、日本路况比较复杂，服务系统应用以导航居多；中国目前主要以增强用户行车体验为主，但中国城市交通矛盾突出，智能网联汽车服务系统的应用范围将会非常广泛。其典型应用简介如下：

（1）活动道路安全应用。活动道路安全应用主要是为了减少交通事故的概率和交通参与者（乘员、行人等）的生命财产损失。每年在世界各地发生的交通事故中，相当部分事故比例都是在路口处碰撞所致。活动道路安全应用，主要提供信息帮助司机避免此类事故。这类事故可以通过共享车辆与用来预测碰撞的路侧单元的信息来完成。这些信息可以代表路口的位置、车辆的位置、速度和车头距离。此外，车辆和路侧单元之间的信息交换还可以用来定位道路上的危险位置，如湿滑或坑洼路段。有关活动道路安全应用的具体应用包括：交叉口碰撞预警、超速警告、盲点警告、车辆超车警告、头部碰撞预警、追尾警告、紧急车辆（救护车、警车等）警告、紧急制动警告、逆行预警、禁行警告、静止的车辆警告、交通条件的预警、交通信号违规警告、碰撞风险预警、十字路口处预警、危险位置通知、禁止疲劳或酗酒驾驶、失控车辆警告。

（2）交通效率和管理应用。交通效率和管理应用主要是提高车流量，交通协调和辅助，以及提供动态的现场信息、地图等，可分为速度管理和协同导航两大部分。速度管理：速度管理应用主要是协助驾驶员对自身车辆的速度进行管理，以保证车辆的顺畅驾驶，以避免不必要的停车。例如：综合考虑限速及绿灯的最佳速度咨询（路侧单元将信号灯信息广播给车辆，车辆收到信息后可以根据自身情况而调整车速，避免不必要停车或等红灯的时间浪费）。协同导航：通过车辆之间的合作、车辆和路侧单元之间的合作来管理车辆的导航系统以提高交通效率。主要包含以下几部分：交通信息和行程建议、提高路线指引和导航、限制访问警告和绕行通知、车内交通信号接收、电子不停车收费、协同自适应巡航控制系统、协同公路-车辆自动系统、智能交通诱导系统、交通信号灯的智能控制、交通信息预测系统等。

（3）信息娱乐应用。信息娱乐应用包括本地服务和 Internet 服务等。本地服务包括：兴趣点通知、ITS 本地电子商贸（如停车、购物等）、媒体下载等。Internet 服务包括：保险和金融服务、车队管理、车辆软件/数据的配置和更新、气象服务、出行信息等。

（4）公共服务应用。公共服务应用主要是为方便普通大众而提供的服务。如：公交车智能调度系统：根据车辆、驾驶员或路侧单元发回来的当前人流量信息，对公交车进行智能调度，减少延迟。智能停车场管理系统：入停车场时，自动识别车牌号，更新数据库，放行。出停车场时，再次自动识别车牌号，数据库端对车牌号进行匹配，匹配成功，扣除相应的停车费，余额不足或匹配失败时，系统向管理员发出警告信息。多式联运：对货物的位置、发车时间、运输方式、行驶时间、里程、当前货物状况等进行实时远程跟踪管理，随时调整交通工具或货物运输方式。营运车辆管理：车辆终端记录下车辆当前的速度、行驶里程、超车次数、停车次数、行驶时间，形成报表，通过网络，如 GPRS、3G 通信发回控制中心。根据卫星定位系统对车辆进行跟踪记录下车辆的当前位置，控制中心可对车辆远程智能管理，根据报表可以对驾驶员的驾驶习惯进行相关奖励或纠正。

3. 智能网联汽车服务系统发展现状

随着智能网联汽车技术的发展，车辆操控和车内外部网络互联已成为未来汽车发展方向。就技术共融性而言，汽车制造商可以选择和互联网公司合作，如通用汽车选择与人机交互系统领先的谷歌联合，福特与微软推出 SYNC 系统。另外，其他汽车制造商也开始自身车载信息系统的研发，如奔驰 COMAND 系统、奥迪 MMI 以及丰田 G-book 系统等。从技术角度来说，车联网即为物联网一个重要分支。物联网技术发展比较迅猛，微软、Linux、苹果、谷歌、黑莓等 IT（互联网）公司，有自主推出的车载服务系统，也有基于汽车与移动互联网技术的结合，在已有的汽车嵌入式操作系统上推出新的车载服务系统。

基于此，针对车载服务系统，从技术来源的角度来划分，可分为以下三类：第一类是 IT（互联网）公司自主推出车载信息系统，如苹果 Car Play 系统、谷歌 OAA 平台（即

Open Automotive Alliance 开放汽车联盟)、Telsa OS（操作系统）、Win8CC（即 Windows Connect Car 系统）等；第二类是汽车与 IT 公司相结合产物，如福特 SYNC 系统、宝马 iDrive 系统，以及 QNX CAR 平台等；第三类为汽车制造商在已有的嵌入式系统基础上，自主研发的车载信息系统，如奔驰 COM AND、丰田 G-book 系统、Telsa OS 等。

4. 两种智能网联汽车服务系统

（1）安吉星（On Star）。安吉星（On Star）主要依赖于 CDMA 网络进行语音、数据通信以及 GPS 卫星进行定位和导航服务。其在北美主要与美国的 Verizon Wireless 和加拿大的 Bell Mobility 两家移动运营商合作，而在中国，On Star 与中国电信签订了相关的协议，消费者使用的 On Star 系统将基于中国电信的 CDMA 网络运行。On Star 系统通过应用全球卫星定位系统（GPS）和无线通信技术提供汽车安全信息服务，包括碰撞自动求助、路边救援协助、全音控免提电话、实时按需检测和全程音控领航等十多项服务。如紧急救援、车主突发疾病或遇险时，按下红色按钮，指挥中心根据 GPS 提供的位置信息及时到达车辆所在地点展开援助。On Star 拥有"HANDSFREE CALLING"免提电话功能，On Star 的服务是基于 CDMA 网络的，其车载终端会同时捆绑一个 CDMA 的电话号码。在驾驶时，按下通话按钮，使用语音指令通过 On Star 拨打和接听电话，On Star 的车外天线有相当于普通手机 5 倍的发射功率，可以实现更大的信号传输距离，保证通话的稳定性和通话质量，拨号时，驾驶者的视线并不需要离开路面，双手也不需离开方向盘，在实现沟通的同时保证了行车安全。搭载于车辆的传感器每月将向 OnStar 服务中心传输车辆各主要部件的保养及工况信息，On Star 服务中心每月会向用户提供发动机、变速箱、ABS 防抱死制动系统、电子稳定控制系统、气囊模块、轮胎等部件共数百项检查的总结报告，帮助车主了解自己车辆的状况并为车辆的维修保养提供了丰富的技术资料。

（2）SYNC 系统。汽车与互联网公司结合，其代表性的如福特与微软的结合，共同开发的 SYNC 技术，目前该系统已搭载超过 1000 万辆汽车。此类车载信息系统应用前景大，发展趋势比较明显，归根到底，也是以微软为代表的 IT 业和以福特为代表的汽车制造商两者多年的技术积累，具有一定的技术优势。针对服务系统应用程序层这块，SYNC 系统搭载一款 APP LINK 应用软件，可以实现 SYNC 车载信息系统与手机 App 交联的功能。通过 APP LINK，在车中同样也可以控制和使用手机中的应用程序。针对服务系统服务层这块，SYNC 系统拥有紧急呼叫功能，在车辆发生严重交通事故时，系统会自动通过与车辆连接的手机来呼叫救援机构。

三、智能网联汽车技术标准和法规

（一）国家智能网联汽车法律法规

1. 国家智能网联汽车法律法规的重要性

全球的汽车工业正在面临电动化、智能化、网联化、共享化的转型升级，各国纷纷通过发展智能网联汽车来保障交通安全、提升出行效率、促进节能减排，进而构建智能社会。发展智能网联汽车是提升国家综合竞争力、构建智能强国的重要抓手。近年来，美、日、欧等国家和地区都相继出台了以车辆智能化、网联化为核心的发展战略，制定专门的政策，加紧完善相关标准，修订或新制定专门的法律法规，政府大力推动完善相关政策规定，为智能网联汽车的发展扫除障碍，构建有利的发展环境。政策、法规是智能网联汽车研发、测试、生产、商用等各个环节的基础与保障，是智能网联汽车长远发展的内部驱动。因此，我国要在智能网联汽车新一轮的竞争中占据制高点与主动权，就必须有相关政策给予指导，由法律法规提供制度保障。

2. 国家智能网联汽车法律法规的主要内容

近年来，我国对智能网联汽车的研究日益重视，自国务院 2015 年发布《中国制造 2025》《关于积极推进"互联网+"行动的指导意见》将智能网联汽车发展明确为国家战略以来，国家发改委、工信部、科技部等部门组织出台了有关智能网联汽车的一系列政策文件，见表 9-5。此外，《中国智能网联汽车产业发展总体推进方案》等文件目前还在研制之中，有望在不久的将来发布，从而为智能网联汽车产业的进一步发展壮大提供更全面、细致、立体的政策保障。

表 9-5 有关智能网联汽车的政策文件

名称	出台部门	时间
《汽车产业中长期发展规划》	工信部联合国家发改委、科技部	2017 年 4 月
《国家车联网产业标准体系建设指南（智能网联汽车）》	工信部、国家标准化管理委员会	2017 年 12 月
《新一代人工智能发展规划》	国务院	2017 年 7 月

（1）《汽车产业中长期发展规划》。汽车产业是推动新一轮科技革命和产业变革的重要力量，是建设制造强国的重要支撑，是国民经济的重要支柱。为落实党中央、国务院关于建设制造强国的战略部署，推动汽车强国建设，2017 年 4 月，工信部联合国家发改委、科技部制定了《汽车产业中长期发展规划》。该规划分析了我国当前汽车产业发展现状和面临的形势，确立了指导思想和基本原则，规划了未来汽车发展目标。总体来讲，该规划的核心要义就是要做大做强我国品牌汽车，培育具有国际竞争力的企业集团。路线上要以新能源汽车和智能网联汽车为突破口，引领整个产业转型升级；措施上主要包括优化产业发展环境，推动行业内外协同创新，推动全球布局和产业体系国际化。具体来讲，该规划可概括为一个总目标、六个细分目标、六项重点任务和八项重点工程。

一个总目标即力争经过十年的持续努力，迈入世界汽车强国行列。六个细分目标为关键技术取得重大突破、中国汽车品牌全面发展、国际发展能力明显提升、全产业链实现安全可控、新型产业生态基本形成、绿色发展水平大幅提高。

六项重点任务具体内容如下。

一是完善创新体系，增强自主发展动力。整合优势资源建立跨产业协同平台，融入大众创业、万众创新，形成体系化的技术创新能力，组建汽车领域国家制造业创新中心，联合攻关核心共性技术。

二是强化基础能力，贯通产业链条体系。推动整车与相关行业企业、零部件企业加强技术和资本合作，发展先进车用材料及制造装备，突破关键零部件技术瓶颈，建立安全可控的产业体系。

三是突破重点领域，推动产业结构升级。大力发展汽车先进技术，推广成熟的节能技术，形成新能源汽车、智能网联汽车和先进节能汽车梯次合理的产业布局。

四是加速跨界融合，构建新型产业生态。加快推动智能制造，创新融合发展模式，以互联网应用为抓手，推动汽车服务业发展，提高绿色发展水平。

五是提升质量品牌，打造国际领军企业。完善产品质量标准体系，提升企业质量控制能力，加强品牌培育，深化国企改革，鼓励兼并重组，支持优势企业做大做强。

六是深化开放合作，提高国际发展能力。引导企业把国际化作为未来发展的战略选择，抓住"一带一路"建设、国际产能合作机遇，加快实现全球发展布局。八项重点工程分别是创新中心建设工程、关键零部件重点突破工程、新能源汽车研发和推广应用工程、智能网联汽车推进工程、先进节能环保汽车技术提升工程、"汽车＋"跨界融合工程、汽车质量品牌建设工程、海外发展工程。以上几项内容息息相关，环环相扣。六个细分目标、六项重点任务和八项重点工程都围绕总目标开展研究。具体来讲，六个细分目标是汽车强国的细化考量指标；六项重点任务围绕六个目标提出，是目标实现的重要支撑；八项重点工程是六大任务的重要支撑和抓手。

（2）《国家车联网产业标准体系建设指南（智能网联汽车）》。为了贯彻《中国制造2025》战略部署、落实《深化标准化工作改革方案》和《装备制造业标准化和质量提升规划》有关精神和要求的重要举措，加强顶层设计，全面推动车联网产业技术研发和标准制定，推动整个产业的健康可持续发展，2017年12月，工信部、国家标准化管理委员会联合组织发布了《国家车联网产业标准体系建设指南（智能网联汽车）》。该指南主要针对智能网联汽车通用规范、核心技术与关键产品应用，有目的、有计划、有重点地指导车联网产业智能网联汽车标准化工作，加快构建包括整车及关键系统部件功能安全和信息安全在内的智能网联汽车标准体系，充分发挥智能网联汽车标准在车联网产业关键技术、核心产品和功能应用的基础支撑和引领作用，并逐步形成统一、协调的国家车联网产业标准体系架构。

（二）智能网联汽车质量标准

1. 智能网联汽车质量标准的重要性

一辆传统燃油汽车在上市之前要经历残酷的考验：整车可靠耐久性测试、整车排放耐久性和极端环境耐久性测试。同样地，智能网联汽车在正式推向市场之前，除了传统汽车的"考试科目"之外，必须要在更为复杂的场景中完成技术考核。因此，为保证智能网联汽车的质量，在智能网联汽车产品开发阶段就需要满足一定的质量标准，实现与道路、设施及其他交通参与者的协调。

2. 智能网联汽车质量的相关标准内容

目前有关智能网联汽车质量的相关标准主要有 ISO26262《道路车辆功能安全标准》和《合作式智能运输系统车用通信系统应用层及应用数据交互标准》。

（1）ISO26262《道路车辆功能安全标准》。安全在将来的汽车研发中是关键要素之一，新的功能不仅用于辅助驾驶，也应用于车辆的动态控制和涉及安全工程领域的主动安全系统。随着系统复杂性的提高，软件和机电设备的应用，来自系统失效和随机硬件失效的风险也日益增加，ISO26262 为避免这些风险提供了可行性的要求和流程。道路车辆功能安全标准 ISO26262 是 IEC 61508 对 E/E 系统在道路车辆方面的功能安全要求的具体应用。ISO26262 系列标准分为 10 本，从 ISO26262-1 到 ISO26262-10，分别从功能安全管理、概念、系统级研发、软硬件研发、生产和操作等方面对产品的整个生命周期进行了规范和要求，从而使得产品在各个生命周期都比较完善地考虑了其安全功能。ISO26262 为汽车安全提供了一个生命周期（管理、开发、生产、经营、服务、报废）理念，并在这些生命周期阶段中提供必要的支持。该标准涵盖功能性安全方面的整体开发过程（包括需求规划、设计、实施、集成、验证、确认和配置）。此外，ISO26262 标准根据安全风险程度对系统或系统某组成部分划分了由 A 到 D 的汽车安全完整性等级（Automotive Safety Int egty Level，ASIL），其中 D 级为最高等级，需要最苛刻的安全需求。伴随着 AS IL 等级的增加，针对系统硬件和软件开发流程的要求也随之提高。

（2）《合作式智能运输系统车用通信系统应用层及应用数据交互标准》。为推进网联化（V2X）技术在提升汽车安全性、经济性及交通系统效率等方面的深度应用，适应 V2X 通信技术（DSRC、LTE-V、5G）的多样性及演进，推动智能网联汽车技术在我国的发展，各车企及后装 V2X 产品需要一个独立于底层通信技术的、面向 V2X 应用的数据交换标准及接口，以便在统一的规范下进行 V2X 应用的开发、测试并推动工程化。大规模测试和工程化应用都需要先建立统一的规范，定义基础服务和统一的数据交互需求和协议，实现相关车辆与车辆之间、车辆与道路设施之间、其他交通参与者之间的信息交互，以实现不同品牌车辆及 V2X 系统的互联互通和具备统一的基础功能。因此，我国智能网联汽车产业创新联盟 V2X 工作组制定了《合作式智能运输系统车用通信系统应用层及应用数据交互标准》。

① 标准关注范围参考国际标准化组织（ISO）制定的通信系统七层参考模型，以及美国、欧洲正在制定的车用通信系统相关标准的系统架构，车用通信系统通常可以分为系统应用、应用层、传输层、网络层、数据链路层和物理层。该标准关注应用层及应用层与上下相邻两层的数据交互接口，如图 9-4 所示。应用层协议主要包括消息集和消息集内的数据帧与数据元素，以及消息的数据结构和编码方式。

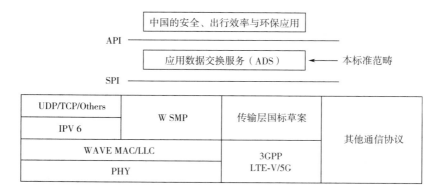

图 9-4 标准范围示意图

该标准并不指定底层的通信技术，可以用于不同的传输层、网络层和数据链路层、物理层。该标准通过向上制定与系统应用对接的应用编程接口（API），可以让不同的应用开发者独立开发能实现互联互通的应用，无须担心使用何种通信方式或者通信设备；同时通过向下制定与不同通信设备对接的服务提供接口（SPI），以实现车用通信系统与不同通信方式或者通信设备的兼容，并满足通信技术不断更新的需求。

② 标准主要内容。总体来讲，该标准通过对道路安全、通行效率和信息服务等基础应用的分析，定义在实现各种应用时，车辆与其他车辆、道路交通设施及其他交通参与者之间的信息交互内容、交互协议与接口等。具体来讲，该标准选择了涵盖安全、效率、信息服务三大类的 17 个典型应用作为一期应用，包括前向碰撞预警、交叉路口碰撞预警、异常车辆提醒、绿波车速引导、前方拥堵提醒、汽车进场支付等。此外在应用定义、主要场景、系统基本原理、通信方式、基本性能要求和数据交互需求 6 个方面对这 17 个一期应用分别进行了描述，根据各应用对通信频率和时延的不同需求进行了分类。同时，该标准还对应用层数据集字典、数据交互标准及接口规范进行了定义，并给出了车辆基本安全消息、地图消息、信号灯消息、制动系统状态、车道属性等一系列数据集的代码，这些均可直接载入 V2X 系统中应用。可以说，此次标准的出台填补了国内 V2X 应用层标准的空白，为国内各车企及后装 V2X 产品提供了一个独立于底层通信技术的、面向 V2X 应用的数据交换标准及接口，以便在统一的规范下进行 V2X 应用的开发、测试，对于 V2X 大规模路试和产业化将起到推动作用。

（三）智能网联汽车信息安全标准

1. 智能网联汽车信息安全的重要性

汽车信息安全作为汽车发展的重中之重，在一开始就受到了电信行业、汽车行业、汽车电子设备行业以及互联网服务商的重视。现代车辆由许多互联的、基于软件的 IT 部件组成，为了避免安全问题，需要进行非常细致的测试。然而在汽车领域，通过系统性的安全测试发现潜在的安全威胁并不是一个常规的流程。汽车中使用的智能联网系统沿袭了既有的计算和联网架构，所以也继承了这些系统天然的安全缺陷。随着汽车中 ECU 和连接的增加，也大大增加了黑客对汽车的攻击面，尤其是汽车通过通信网络接入互联网连接到云端之后，每个计算、控制和传感单元，每个连接路径都有可能因存在安全漏洞而被黑客利用，从而实现对汽车的攻击和控制。汽车作为公共交通系统的重要组成部分，一旦被黑客控制，不仅会造成驾驶人的个人信息和隐私被泄露，还会直接带来人身伤害和财产损失，同时还会导致品牌和声誉受损，甚至上升成为危及国家安全的社会问题。因此，制定智能网联汽车信息安全标准就尤为重要。

2. 智能网联汽车信息安全的相关内容

（1）《智能网联汽车信息安全白皮书》。为指导智能网联汽车信息安全建设工作的全面深入展开，2017 年 6 月，中国汽车工程学会、北京航空航天大学、梆梆安全研究院联合发布了《智能网联汽车信息安全白皮书》，首次建立了智能网联汽车信息安全方法论，从本质层面解智能网联汽车信息安全之所急。《智能网联汽车信息安全白皮书》综合分析了国内外智能网联汽车安全产业现状与发展趋势，解析了智能网联汽车所面临的安全威胁，深入地探讨了智能网联汽车的本质安全问题所在，构筑了能够对智能网联汽车未来信息安全起到核心支撑作用的方法论，描绘出了智能网联汽车整体信息安全框架。此外，还深入探讨了智能网联汽车关键安全防护技术，绘制了典型智能网联汽车攻击路径图。此白皮书总结提出，当前智能网联汽车主要面临来自节点（T-BOX、IVI、终端升级、车载 OS、车载诊断系统接口、车内无线传感器）、网络传输、云平台、外部互联生态安全 4 个层面的 12 大安全威胁，见表 9-6。在黑客攻击的威胁下，智能网联汽车安全性变得越发脆弱，甚至可能导致致命事件的发生。

表 9-6 智能网联汽车 4 个层面 12 大安全威胁

云端威胁	云平台安全威胁	
传输威胁	网络传输安全威胁	4 个层面 12 大安全威胁
终端威胁	1. 节点：T-BOX 威胁、IVI 威胁、终端升级威胁、车载 OS 威胁、接入风险、传感器风险 2. 车内网络传输风险 3. 车载终端架构的安全威胁	
外部威胁	移动 App 安全威胁 充电桩信息安全威胁	

因此，按照传统的"端""管""云"的层次架构，同时结合当前新兴的外部生态，智能网联汽车的防护技术可围绕传统的"端""管""云"进行重点部署（表 9-7），并结合当前新兴技术（如 App 安全）实现对智能网联汽车的整体安全防护。具体来看，"端"的安全防护技术须从可信操作系统安全、固件安全、数据安全、密钥安全、FOTA 几个维度进行安全防护；"管"的安全防护技术需兼顾网络传输安全和边界安全；"云"的安全防护技术应从云平台安全、可视化管理、安全检测维度进行安全防护；而作为智能网联汽车生态重要组成部分的移动 App 安全也必须重点防护。

（2）智能网联汽车信息安全标准。智能网联汽车信息安全已成为国际标准化组织关注的主要问题之一，在国际标准化组织中 3GPP 对 V2X 的技术建立了信息安全技术要求，以保障通信层面的安全，见表 9-7。一直致力于汽车安全标准的 SAE 与 ISO 成立了联合工作组，在 ISO/SA ETC 22 中起草了 ISO 21434 国际标准，该标准已于 2019 年完成，主要约束了汽车信息安全工程能力的建设。在 ITU-TSG 17 组中目前有一项《智能交通系统通信设备的安全软件更新功能》标准已经发布，其他新的标准也正在逐步立项。

表 9-7 智能网联汽车信息安全技术路线

智能化	自主环境感知为主，网联信息服务，部分自动驾驶应用（PA）	自主与网联环境感知融合，实现较复杂工况下自动驾驶（CA）	V2X 协同控制，实现高度自动驾驶（HA）	加（FA）V2X 协同控制，实现完全自动

续表

信息技术路线图		总体目标	形成智能网联汽车信息安全管理要求，制定信息安全技术标准，完善信息安全测试规范，建立智能网联汽车信息安全应急响应体系	实现市场70%的智能网联汽车满足信息安全标准；实现DA和PA自愿认证；CA/HA/FA级实行强制安全认证	实现市场100%的智能网联汽车满足信息安全标准；完善基于感知、决策、控制多域的智能网联汽车信息安全架构
	实施路径	端管云	建立车载端传动系统、感知系统、电动系统信息安全模型样机，建立智能网联汽车车载信息安全技术标准和测试规范	车载信息安全多域协同分析防护体系建立，车载端漏洞分析与威胁防御机制建立	车载端信息安全网关产品研发，通过智能网联汽车车载端测试评估体系推动安全网关产业化；建立智能网联汽车车载端信息安全认证体系
			汽车无线钥匙通信安全加密防护机制建立；车路协同无线通信安全防护体系建立；建立无线通信安全技术标准和测试规范	智能网联汽车4G/5G通信安全防护体系建立，形成智能网联汽车通信协议统一规范	建立智能网联汽车无线通信认证体系，研发智能网联汽车无线通信安全产品
			通过漏洞分析建立快速响应机制溯源攻击，形成云平台基础防护体系，制定智能网联汽车云端信息安全技术标准和测试规范	通过智能网联汽车后台监控系统建立应急响应机制，系统升级，形成云平台标准防御体系	通过漏洞研究进行威胁信息分析，通过大数据分析，建立云平台主动防御体系；建立智能网联汽车云端安全认证体系
	建立智能制造标准体系和信息安全保障系统				

我国也在积极推进智能网联汽车信息安全标准的各项事宜，2022年10月23日，由中国一汽智能网联开发院、吉林省汽车电子协会联合主办的"基于商用密码算法的智能网联汽车信息安全标准体系建设第二批标准项目发布会"在长春举办，发布了基于商用密码算法的智能网联汽车信息安全标准体系建设第二批14项标准项目，具体如下。

T/GHDQ 87.1—2022《车辆控制器信息安全技术要求 第1部分：通用技术要求》；

T/GHDQ 87.2—2022《车辆控制器信息安全技术要求 第2部分：车载信息交互系统》；

T/GHDQ 87.3—2022《车辆控制器信息安全技术要求 第3部分：中央网关系统》；

T/GHDQ 88.1—2022《车辆无线通信信息安全测试规范 第1部分：蓝牙安全测试规范》；

T/GHDQ 88.2—2022《车辆无线通信信息安全测试规范 第2部分：车载WLAN安全测试规范》；

T/GHDQ 89.1—2022《车载网络安全测试规范 第1部分：车载CAN总线安全测试规范》；

T/GHDQ 89.2—2022《车载网络安全测试规范 第2部分：车载以太网安全测试规范》；

T/GHDQ 90—2022《车辆信息安全术语和定义》；

T/GHDQ 91—2022《车辆车云通信信息安全技术要求》；

T/GHDQ 92—2022《智能网联汽车数字证书设计规范》；

T/GHDQ 93—2022《移动终端控车应用软件信息安全技术要求》；

T/GHDQ 94—2022《车辆直连通信信息安全设计规范》；

T/GHDQ 95—2022《智能网联汽车数据全生命周期管理规范》；
T/GHDQ 96—2022《智能网联汽车云服务平台运营人员安全管理制度》。

（四）智能网联汽车道路测试法规

1. 智能网联汽车道路测试法规的重要性

道路测试是开展智能网联汽车技术研发和应用不可或缺的重要环节。车辆若要在各种道路交通状况和使用场景下都能够安全、可靠、高效地运行，就必须进行大量的测试验证。为了进一步促进我国智能网联汽车的研究和发展，加快智能网联汽车道路测试的步伐，道路测试相关法规需要及早制定，以便指导各省市智能网联汽车开展道路测试，解决"测什么"、"怎么测"和"在哪里测"等关键问题。

2. 智能网联汽车道路测试法规的相关内容

（1）国家智能网联汽车道路测试规范。为贯彻落实《中国制造 2025》《新一代人工智能发展规划》《汽车产业中长期发展规划》，支持和规范智能网联汽车公共道路适应性验证，推动汽车智能化、网联化技术发展和产业应用，工信部、公安部、交通运输部联合制定了《智能网联汽车公共道路适应性验证管理规范（试行）》。该规范适用于在公共道路上进行的智能网联汽车自动驾驶适应性验证，包括部分自动驾驶、有条件自动驾驶、高度自动驾驶和完全自动驾驶。

① 部分自动驾驶。部分自动驾驶（PA，二级）系统根据环境信息执行转向和加减速操作，其他驾驶操作都由人完成。

② 有条件自动驾驶。有条件自动驾驶（CA，三级）系统完成所有驾驶操作，根据系统请求，驾驶人需要提供适当的干预。

③ 高度自动驾驶。高度自动驾驶（HA，四级）系统完成所有驾驶操作，特定环境下系统会向驾驶人提出响应请求，驾驶人可以对系统请求不进行响应。

④ 完全自动驾驶。完全自动驾驶（FA，五级）系统可以完成驾驶人能够完成的所有道路环境下的操作，不需要驾驶人介入。

该规范明确了验证主体、验证驾驶人和验证车辆的要求。此外，还对验证路段、验证项目、验证规程、验证申请和审核程序、验证过程管理、验证期间事故责任认定及处理等内容做出规定。

（2）地方智能网联汽车道路测试规范。目前工信部、公安部、交通运输部都在结合自身工作，建设侧重点不同的智能网联汽车测试示范基地。工信部推进基于宽带移动互联网的智能汽车、智慧交通应用示范，已在全国布局了浙江省、北京市、重庆市、吉林省、湖北省首批 5 个试点；与公安部、江苏省合作支持无锡建设智能交通综合测试基地；与交通运输部协调联合推进标准制定和示范应用，已构建形成了包括北京、长春、武汉、重庆、浙江，以及上海和无锡在内的"5+2"车联网示范区。智能汽车和智慧交通测试示范包括车路协同、先进辅助驾驶、无人驾驶、交通大数据等技术与新产品应用示范、实验验证与测试评估等。公安部交通管理科学研究所正在建设国家智能交通综合测试基地，分为封闭区与半开放区两部分，包括由多种类型道路、障碍物、交通信号、交通标志、特殊气象条件环境等构建形成的综合实际道路测试场景。测试基地建成后将对自动驾驶汽车的功能符合性、性能可靠性和稳定性等运行安全进行测试评估；同时面向国内外研发和生产自动驾驶汽车企业，对需要上公共道路测试的自动驾驶汽车颁发试验用临时行驶车号牌，并提供第三方权威测试和认证，为自动驾驶汽车考发"驾驶"执照。2018年10月，测试基地周边半开放测试环境建设基本完成，可对外开展测试工作，2019年下半年测试基地内场完成建设。在智能网联汽车的测试推进方面，北京更是先行一步，由北京交通委、交管局和经信委印发的《北京市关于加快推进自动驾驶车辆道路测试有关工作的指导意见（试行）》，对测试主体、车辆、驾驶员、事故处理等方面都给出了要求。北京市路测指导意见的出台，一方面尽量避免了路测带来的安全隐患，另一方面也鼓励自动驾驶公司在国内进行研发和测试，引导产业积极有序发展。在北京、上海、重庆等地相继出台了地方实施细则后，工信部、公安部、交通运输部三部委共同发布国家层面的《智能网联汽车道路测试管理规范（试行）》。该规范提出了智能网联汽车公开道路测试的基本要求，具体的组织、实施以及开放路段选择，则由各省、市级政府主管部门制定实施细则加以规定。国家层面规范与地方细则有效衔接，有效地指导了各地智能网联汽车的道路测试工作。

单元小结

本单元重点讲述了智能网联汽车的测试目的及意义、测试方法、常用评价方法、功能安全评价、信息安全评价、服务安全评价以及智能汽车法律法规、质量标准、信息安全标准、道路测试法规。

课后习题

一、填空题

1. 智能网联汽车测试主要有_____、_____和_____三种。
2. 智能网联汽车常用评价方法有_____、_____和_____。
3. 智能网联汽车服务系统技术包括_____和_____。
4. 智能网联汽车4个层面的威胁包括_____、_____、_____和_____。
5. 智能网联汽车服务系统应用于_____、_____、_____和_____。

二、选择题

1. 严重度是指在可能发生潜在危害的场景下，对一个或多个人员造成伤害程度的预估，其中严重度等级S2表示_____。

   A. 无伤害

   B. 轻度和中度伤害

   C. 严重的和危及生命的伤害（有存活的可能）

   D. 危及生命的伤害（存活不确定），致命的伤害

2. 智能网联汽车会面临多种威胁，但不会遭受_____。

   A. 终端威胁　　　　　　　　　　　B. 云端威胁

   C. 内部威胁　　　　　　　　　　　D. 外部威胁

3. 安吉星主要依赖于_____进行语音、数据通信以及GPS卫星进行定位和导航服务。

   A. CDMA网络　　　　　　　　　　B. 苹果Car Play系统

C. 谷歌 OAA 平台　　　　　　　　　　　D. Win8CC
4. 下列不属于智能网联汽车评价的评价内容的是_____。
A. 功能安全评价　　　　　　　　　　　B. 信息安全评价
C. 服务系统评价　　　　　　　　　　　D. 内部系统评价
5. 下列测试方法不属于计算机测试方法的是_____。
A. 模型在环测试　　　　　　　　　　　B. 软件在环测试
C. 实车测试　　　　　　　　　　　　　D. 硬件在环测试

三、简答题

1. 智能网联汽车常见的测试方案设计方法有哪些？
2. 智能网联汽车硬件在环测试系统可以分为哪几种类型？

单元九　课后习题-参考答案

参考文献

［1］中国汽车工程学会.节能与新能源汽车技术路线图［M］.北京：机械工业出版社，2016.
［2］崔胜民.智能网联汽车概论［M］.北京：人民邮电出版社，2019.
［3］王建，徐国艳，陈竞凯，等.自动驾驶技术概论［M］.北京：清华大学出版社，2019.
［4］杨石春，曹耀光，陶吉，等.自动驾驶汽车决策与控制［M］.北京：清华大学出版社，2020：2.
［5］闫建来.智能网联汽车导论［M］.北京：机械工业出版社，2019.
［6］王泉.从车联网到自动驾驶：汽车交通网联化、智能化之路［M］.北京：人民邮电出版社，2018.
［7］朱茵，王军利，周彤梅.智能交通系统导论［M］.北京：中国人民公安大学出版社，2007.
［8］曲大义，陈秀锋，魏金丽.智能交通系统及其技术应用［M］.北京：机械工业出版社，2017.
［9］林培群，秦钟.智能交通系统［M］.北京：人民交通出版社，2014.
［10］周延风，李志涛.分析云计算给汽车带来的影响［J］.农机使用与维修，2016（11）.
［11］陈丹伟，黄秀丽，任勋益.云计算及安全分析［J］.计算机技术与发展，2010（2）.
［12］徐建闽.智能交通系统［M］.北京：人民交通出版社，2014.
［13］王兵.交通信息技术及应用［M］.北京：机械工业出版社，2016.
［14］许登元，蒲树祯，李益才.交通通信系统［M］.成都：西南交通大学出版社，2012.
［15］中国电子信息产业发展研究院.智能网联汽车测试与评价技术［M］.北京：人民邮电出版社，2017.
［16］车云网.车联网：决战第四屏［M］.北京：电子工业出版社，2014.
［17］银石立方科技有限公司.车联网技术与应用［M］.北京：人民交通出版社，2017.
［18］许祎蕾.数字学术资源云存储安全保障研究［D］.武汉：武汉大学，2017.
［19］张林浩.从《汽车产业中长期发展规划》看当前汽车的产业发展［J］.汽车工业研究，2017（12）：10-11.